Raymond Williams

# Drama em cena

Raymond Williams

# Drama em cena

tradução
Rogério Bettoni

COSACNAIFY

## Prefácio

Luiz Fernando Ramos

*Drama em cena* é um pequeno grande livro. Na sua desambição de origem – a de ser material didático de um curso de extensão para introduzir adultos leigos nas questões do teatro – resultou numa síntese preciosa das especulações sobre o drama que seu autor vinha desenvolvendo no início dos anos 50 do século passado, e antecipou as principais vertentes de investigação teatral nas décadas vindouras. Germinam em suas páginas desde a investigação vertical de Peter Szondi em *Teoria do drama moderno*, passando pelos desenvolvimentos da Semiótica do Teatro na análise do espetáculo, nos anos 1970 e 1980, até especulações contemporâneas como o conceito de pós-dramático e o interesse no desempenho do espectador na formulação das obras.

A questão central da teoria do teatro para Williams é a relação entre o drama escrito e o espetáculo encenado. Como sua perspectiva não é a especulação teórica *per se*, não lhe interessa remeter a outras teorizações, mas, sim, elucidar as relações e tensões entre o drama em sua forma literária e em sua realização cênica servindo-se de exemplos históricos. Essa relação, observada em diversos contextos, definirá o que ele chama de "padrões dramáticos" específicos, por sua vez coerentes com as "estruturas de sentimento" pertinentes às épocas escrutinadas.[1] Williams pressupõe um leitor que nunca tivesse se deparado com as questões que propõe em torno do drama, o que torna seu texto extremamente claro, a despeito da crescente complexidade que seu argumento adquire ao longo do livro até o capítulo final, quando sintetiza seus achados e especula sobre o futuro.

## *Antecedentes*

Como aponta Graham Holderness na introdução à edição de 1991 de *Drama em cena*, o livro faz parte do esforço de Williams, e de outros professores ligados à Associação Nacional dos Trabalhadores e ao Departamento de Extensão Universitária da Universidade Oxford, de oferecer materiais didáticos para estudantes e professores de cursos técnicos e de formação de adultos. Em 1954, ano da primeira edição, Williams, que já lecionava nesse projeto havia oito anos, publicará também *Drama from Ibsen to Eliot*, uma tentativa de organizar suas leituras da dramaturgia produzida na modernidade. O livro, que reapareceria em 1968, ampliado para *Drama from Ibsen to Brecht*, é a matriz a partir da qual ele não só desenvolveria a tese central de *Drama em cena* como introduziria, já, o conceito de "estrutura de sentimento", tratado posteriormente de forma ampliada nos seus livros mais ambiciosos, quando se configura, por exemplo, a noção de "materialismo cultural".[2] Nessa investigação preliminar, em torno dos principais dramaturgos desde o fim do século XIX até o pós-guerra, surge

1 O conceito de "estrutura de sentimento" é um operador central em toda a obra de Williams, mas se constitui em seus primeiros estudos sobre as convenções do cinema e do teatro. Ele se refere aos modos de sentir de uma determinada época, no que eles extrapolam as condicionantes estruturais ligadas às relações econômicas e sociopolíticas, expressando-se no plano da cultura e em obras concretas. Segundo Maria Elisa Cevasco, Williams cunha esse termo "na tentativa de descrever a relação dinâmica entre experiência, consciência e linguagem, como formalizada e formante na arte, nas instituições e tradições". Maria Elisa Cevasco, *Para ler Raymond Williams*. São Paulo: Paz e Terra, 2001, p. 151.

2 O livro citado de Cevasco discute em profundidade essa noção e apresenta a bibliografia completa de Raymond Williams. Op. cit., pp. 142-59.

a necessidade de desenvolver um método de análise que dê conta da dialética entre convenções estáveis e as formas novas que as modificam. De algum modo, *Drama em cena* é a resposta mais acabada ao que nesse primeiro livro se ensaia.

Williams explora ali a ambiguidade da palavra "convenção", podendo tanto expressar a ideia de uma forma consensual como caracterizar uma forma ultrapassada. Nesse sentido, pontua que a história do teatro revela em diferentes épocas convenções tácitas, quando os modelos ou padrões praticados implicam regras aceitáveis aos realizadores e ao público com que estes se defrontam, e que o espetáculo acaba sendo a prova dos nove desse embate.

> Uma convenção, no sentido mais simples, é só um método, uma peça técnica da maquinaria, que facilita o espetáculo. Mas os métodos mudam e as técnicas mudam, e enquanto, digamos, um coro de dançarinos, ou o manto de invisibilidade, ou um solilóquio cantado são conhecidos métodos dramáticos, eles não poderão ser satisfatoriamente utilizados a não ser que, à época do espetáculo, sejam mais que métodos, a não ser que eles sejam convenções. Dramaturgos, atores e público devem ser capazes de concordar que o método particular a ser empregado é aceitável; e, dependendo do caso, uma parte importante desse acordo deve usualmente preceder o espetáculo, de modo que o que está por ser feito seja aceito sem fricções danosas.[3]

Assim, a convenção estará sempre limitada pelas tradições de cada época – enquanto acordo tácito – e sempre sujeita à necessária pressão dos experimentos gerados por novos modos de sentir e pela percepção de novas, ou redescobertas, técnicas – como método dramático. A partir daí, examina o jogo interno desses dois sentidos de convenção propondo a ideia de que qualquer inovação pressupõe um mínimo de expectativa que permita acolhê-la, o que o remete às "bem difíceis relações entre convenções e estruturas de sentimento".[4] É justamente para explorar a relação que lhe parece essencial entre um drama

3 Raymond Williams, *Drama from Ibsen to Brecht*. Londres: Penguin Books, 1978, p. 6 (tradução minha).

4 Op. cit., p. 8.

específico e a convenção a que ele remete que Williams utiliza o termo "estrutura de sentimento":

> O que eu estou tentando descrever é a continuidade da experiência de uma obra em particular, através de sua forma particular, até seu reconhecimento como uma forma geral, e então a relação dessa forma em geral com um período. Nós podemos olhar para essa continuidade, primeiro, de um modo mais geral. Tudo que é vivo e produzido por uma dada comunidade em certo período é, nós hoje costumamos acreditar, essencialmente relacionado, ainda que na prática, e nos detalhes, isso não seja sempre fácil de perceber. [...] Relacionar uma obra de arte com qualquer parte desse todo pode, em graus variados, ser útil; mas é uma experiência comum na análise perceber que, quando se mede a obra em contraste com suas partes separadas, ainda permanecem alguns elementos para os quais não existe contrapartida externa. É a isso, em primeiro lugar, que eu nomeio estrutura de sentimento. É firme e definido como "estrutura" sugere, ao mesmo tempo que está fundado nos mais profundos e menos tangíveis elementos de nossa experiência. É um modo de responder a um mundo particular que na prática não é sentido como um modo entre outros – um "modo" consciente – mas é, na experiência, o único modo possível. Seus meios, seus elementos, não são proposições ou técnicas; eles estão incorporados, são sentimentos relacionados.[5]

Ressalte-se que é nessa ideia de uma experiência compartilhada com certo texto dramático, com sua encenação e a consequente recepção, que se define a estrutura de sentimento, na perspectiva do teatro, como algo genuíno àquele momento histórico, e contra a qual se apõe certo método dramático e sua consequente resultante enquanto convenção assimilada. Por isso mesmo, na conclusão de *Drama from Ibsen to Brecht* Williams afirma a convicção de que a relação entre as estruturas de sentimento e as convenções de mais de meio século de produção dramática examinada só poderia ser iluminada se entrassem nas considerações do analista mais do que as características formais dos diversos estilos examinados – naturalismo, expressionismo etc. – e



5 Op. cit., pp. 9-10.

fossem consideradas as articulações entre esses métodos dramáticos e suas realizações cênicas, bem como o modo como as convenções foram se conformando às transformações históricas do sentido de ação dramática, já prevendo suas adaptações aos novos meios fílmicos e televisivos que passavam a concretizá-la. É nesse sentido que se pode ler *Drama em cena* como um desdobramento teórico, em que a questão dos diversos padrões dramáticos da história do drama é examinada na perspectiva de uma necessária articulação dos aspectos literários e cênicos das obras, na convicção de que a estrutura de sentimento que se anunciava contemporaneamente a ele revelava uma nova configuração completamente distinta da observada no final do século XIX. Nas palavras de Williams:

> A repetida tensão entre dramaturgos e encenadores, que foi tão marcante neste século, é um aspecto dos problemas da forma dramática em si mesma. Isso fica especialmente claro naqueles movimentos de reforma literária os quais, concentrando-se nos problemas da fala dramática, negligenciaram os problemas centrais da ação dramática. Mudar uma convenção de fala, mas não outra convenção, é desintegrar uma forma que tem já seus métodos teatrais, e assim deixar um hiato que a encenação é forçada a preencher. A questão, em qualquer medida, foi a de escrever uma forma completa, e, na ausência de qualquer convenção comum (que, claro, não existe por si, mas tem que ser realizada), os sérios problemas que isso causou: na raiz, criativos, mas envolvendo também o método da notação. Assim que nós passamos das rubricas detalhadas de Ibsen para os escritos de Strindberg, como corrente de imagens, nós vemos um exemplo maior desse problema. O que no naturalismo ortodoxo é rubrica se torna, numa forma posterior, ou criação de clima para o leitor (e para o leitor crucial, o encenador) ou uma tentativa de realizar uma ação para a qual nenhuma notação teatral (como que oposta à notação dramática) estava ainda disponível. O sucesso de Brecht está diretamente relacionado à sua disposição de fazer a anotação prática com a companhia e isso é obviamente admirável.[6]

6 Op. cit., p. 398.

O foco que Williams estabelece em seu modelo analítico, na relação problemática que se verifica na produção dramática contemporânea a ele entre ação e fala, e com seus desdobramentos na tensão entre os aspectos visuais da cena e sua estrutura narrativa de origem literária, remete, indiretamente, à primeira e nunca dispensável teorização sobre o fenômeno teatral – a *Poética* de Aristóteles. Já ali o filósofo se serve, para fins de exame da tragédia grega, de uma divisão artificial, de caráter analítico, em que define seis elementos e estabelece uma hierarquia funcional entre eles. Como o mais decisivo para a consecução das finalidades ambicionadas pelo poeta – a instilação do terror e da piedade no público – aparece o *mythos* (trama, ou ação com começo, meio e fim) secundado pelos elementos diretamente associados a ele, o *ethos* (caráter) e a *dianoia* (pensamento), significando respectivamente o sentido da ação dos personagens e o conteúdo de seus discursos. O menos decisivo dos seis elementos, Aristóteles define, é o *opsis* (espetáculo), ao lado de seus componentes inexoráveis, o *melos* (música, canto) e a *lexis* (linguagem), caracterizados estes três últimos como elementos "externos" em contraste com os três anteriores, que são vistos como "internos", opondo-se assim a exterioridade do aspecto espetacular à interioridade da estrutura dramática que sustenta a narrativa trágica. O que vale pontuar aqui é que essa oposição radical entre *mythos* e *opsis*, ao contrário do que suscitaram alguns intérpretes do texto aristotélico – de que, afinal, o tratado remeteria principalmente à tragédia como obra literária –, longe de implicar a supressão do elemento espetacular, serve apenas para expressar uma decomposição analítica do que na prática é indecomponível – o espetáculo trágico – ainda que o fato da valorização de um elemento em detrimento de outro seja inseparável do conjunto da filosofia aristotélica e das circunstâncias históricas em que ela foi produzida.[7]

7 Sobre a valorização de Aristóteles do *mythos* em detrimento do *opsis* ver Stephen Halliwel, *Aristotle's Poetic*. Chicago: The University of Chicago Press, 1998, pp. 337-43. A refutação mais cabal de que a Poética não leva em conta o espetáculo encontra-se em Gregory Scott, "The Poetics of performance: the necessity of spetacle, music and dance in Aristotelian tragedy", in *Performance and Authenticity*, Salim Kemal and Ivan Gaskell (eds.). Cambridge: Cambridge University Press, 1999.

Sem incorrer no anacronismo de justapor os termos da reflexão de Aristóteles ao contexto teatral que Williams tenta descrever, vale perceber como a tensão entre a cena e o texto dramático que pulsa em sua análise repete em nova perspectiva a oposição entre *mythos* e *opsis*. No momento histórico em que Williams escreve *Drama em cena*, o início dos anos 1950, os estudos teatrais ainda eram basicamente centrados nos aspectos literários do drama, não só refletindo uma interpretação nesse viés da tradição aristotélica, como também a tendência consagrada desde a emergência do naturalismo, nos finais do século XIX, de veiculação da dramaturgia principalmente através de livros. Assim, o foco da obra de Williams nas relações e tensões entre a literatura dramática e o espetáculo não pode ser minimizado. Se hoje parecerá óbvio a qualquer estudante de graduação em teatro que o seu objeto de estudo primordial é o espetáculo, como totalidade que envolve aspectos dramatúrgicos e cênicos, naquele momento, e no contexto da Inglaterra, um país em que até recentemente havia uma centralidade do texto nos estudos teatrais, era um olhar bastante inovador. Atente-se que Williams está interessado na ação dramática e na forma como ela se realiza através das falas dos personagens. Nos termos de Aristóteles, ele foca no *mythos* e na *dianoia*, mas preocupado em como seu aspecto externo, a *lexis*, se articula enquanto *opsis*. Também no caso dele a separação entre ação e fala é analítica, mas serve-lhe para traçar contrastes entre formas históricas distintas em que a convenção dramática articula métodos diferentes de acordo com uma estrutura de sentimento específica. Assim, no capítulo em que projeta uma virtual encenação de *Antígona*, de Sófocles, pode demarcar o padrão dramático da "fala encenada" em que há uma simultaneidade absoluta entre a ação e a fala, ou melhor, quando aquilo que os personagens dizem coincide plenamente com suas ações, sendo possível pelo texto deduzir-se totalmente a cena que ele gera. Esse mesmo padrão se repetirá nos capítulos destinados aos teatros medieval e elisabetano com nuances diferentes. No caso do segundo padrão, que ele identifica como "encenação visual", pode ser localizado tanto em alguns exemplos do teatro medieval como, no exemplo mais esclarecedor, em *Hamlet* de Shakespeare. Nesse caso, a escrita literária prescreve uma ação que ocorre separada das falas, como na cena do duelo entre Hamlet e Laertes, ou nos espetáculos de dança em que, como Williams enfatiza, já sem que haja qualquer fala a ação cênica se torna autônoma da literatura. Um terceiro tipo de padrão dramático, o que chama de "atividade", localizado tanto em uma das primeiras peças de Ibsen como, podemos sugerir, nos chamados "filmes de ação", a ação e a fala convivem sem a coesão observada no padrão da "fala encenada". Nele as falas existem apenas como contraponto a uma ação que se explicita independente delas e que transcorre em paralelo. Finalmente o padrão que emerge na modernidade e não só se torna típico das encenações naturalistas, mas contamina todas as suas derivações posteriores, que é o de "comportamento". Aqui se consuma a separação definitiva entre ação e fala. Se, quando elas estavam perfeitamente reunidas, como em Sófocles, o dramaturgo literalmente escrevia a cena quando compunha a sua trama através de falas, agora, como fica evidente no exemplo de *A gaivota* de Tchekhov, as falas indicam uma encenação provável que só se define numa outra escritura, a cênica, cujo autor é outro que não o compositor do drama.

É certo que, como adverte Holderness na sua introdução, há quase uma ingenuidade de Williams na suposição de que, necessariamente, em dramaturgias típicas do padrão da "fala encenada", qualquer encenação seria a plena realização daqueles conteúdos literários. A chamada era dos encenadores, que se afirmou nas últimas décadas do século XX, desmente qualquer hipótese nesse sentido. Mas é preciso notar que, do ponto de vista do autor de *Drama em cena*, o que importava não era afirmar uma posição que hoje seria tachada de "textocêntrica", e sim criar uma grade conceitual, em que por contraste fosse possível analisar o fenômeno que se manifestava contemporaneamente a ele, em que os dramaturgos cada vez mais prescindiam de uma escritura cênica para realizar seus projetos. Não é casual que ele perceba em Brecht, e já intua no primeiro Beckett, uma percepção aguda de que as circunstâncias históricas, ou as estruturas de sentimento que conjuminavam os métodos dramáticos e as convenções tácitas com os espectadores de teatro, solicitavam uma forma em que a realização cênica se sobrepusesse à construção dramática literária, tornando-a, como Williams bem aponta, um simples roteiro à espera de uma complementação para se consumar. É nesse contexto que ele destaca o caderno de direção de Stanislavski na montagem de *A gaivota*, e que antecipa, por exemplo, a crescente relevância que os cadernos de direção de Beckett adquiriram no estudo de sua obra. Não é por acaso, também, que vislumbrará na escritura de um cineasta como Bergman uma possibilidade de reatamento na mesma escritura de ação e fala. Por mais que essa pressuposição indique o saudosismo de um tempo em que o dramaturgo detinha o controle pleno sobre a realização dramática, não deixa de ser profética em relação às questões com que a cena contemporânea se defronta no que diz respeito à criação dramática.

É preciso, ainda, contextualizar o panorama dos estudos teatrais no mesmo período para valorizar devidamente esse deslocamento do foco de atenção da literatura dramática para a cena e, nessa medida, para a questão de um novo padrão dramático que se ensaiava tanto nas dramaturgias como nos roteiros cinematográficos no início dos anos 50 do século passado. Dois anos depois da primeira versão de *Drama em cena*, Peter Szondi publica *Teoria do drama moderno*, estudo que se tornaria um clássico na investigação da crise em que se precipitara a forma dramática desde finais do século XIX e se desdobrara até aquele momento. É certo que a perspectiva do autor alemão tem um caráter completamente distinto da que move Williams. No caso de Szondi, trata-se de um estudo quase filosófico, que traça uma hermenêutica do drama na ótica da dialética entre forma e conteúdo de Hegel, focada principalmente na literatura dramática como fonte exclusiva de elucidação da referida crise, quando temas e conteúdos urgentes àquele momento histórico forçam uma forma estável de drama – centrada no puro dialogismo – a ponto de explodi-la e encaminhá-la na assimilação de procedimentos mais épicos e narrativos do que propriamente dramáticos. O método da reflexão de Szondi busca explicitar a relação entre autor, texto e sociedade na própria linguagem. Foca na obra para revelar, através de suas contradições internas, as condições históricas que a circunscreveram, e não o contrário. É evidente que, com essa abordagem em vista, as circunstâncias materiais da encenação dos textos estudados, se não foram eliminadas, pois afinal poderão ser teoricamente deduzidas da estrutura dramática, são minimizadas. O método de Williams também parte do texto, mas procura extrair dele uma realização material, o espetáculo, e o contexto cultural que o viabiliza. Nesse sentido, *Drama em cena*, até por refletir um pensamento de linhagem marxista e não deixar de focar na crise do drama moderno, chega a resultados muito próximos por caminhos transversos e pode ser considerado complementar, e não antagônico, à famosa teorização de Szondi.

De fato, pode-se dizer que *Drama em cena*, ao optar por deter-se na tensão entre dramaturgia e espetáculo mais do que nas tensões internas entre forma e conteúdo no texto dramático, dialoga de modo muito mais interessante com o teatro que se precipitou nos cinquenta anos seguintes, e que acabou sendo objeto de um sucedâneo teórico de *Teoria do drama moderno*, qual seja, *Teatro pós-dramático* de Hans-Thies Lehmann. Nessa obra, tão influente na primeira década do atual século, o autor desenvolve, com metodologia inspirada no livro de Szondi, uma observação panorâmica de certa produção espetacular dos últimos quarenta anos. Nela identifica obras que de algum modo ultrapassaram os paradigmas do drama e realizaram novas formas cênicas, em que os procedimentos construtivos já não guardam similaridade com o que Williams chamaria de métodos dramáticos e, portanto, estabelecem novas convenções, já não dramáticas, mas, ainda, por certo, cênicas. Se muitas das criações a partir das quais Lehmann constrói seu raciocínio não eram nem sonháveis à época em que Williams produziu seu texto, com certeza a questão crucial que ele apontou no que diz respeito à necessidade de uma nova notação para o drama, despida da nostalgia de uma forma dramática plena em que fala e ação voltassem a ser simultâneas, revela-se atualíssima. Assim como as intuições de que, nas novas circunstâncias de produção de espetáculos, a colaboração entre os criadores torna-se crucial e a participação do espectador, emancipado de convenções apaziguadoras, decisiva. Nada mau para um livro tão sem ambições. Os criadores e estudiosos do teatro contemporâneo no Brasil muito terão a usufruir dessas singelas iluminações que Raymond Williams fulgurou.

## Introdução à edição inglesa de 1991

Graham Holderness

Introduzir a reedição de *Drama em cena*, de Raymond Williams, publicado pela primeira vez em 1954 e revisado em 1968, requer, de saída, duas grandes mudanças de ponto de vista. Em primeiro lugar, costuma-se relacionar Williams aos estudos de "literatura" e atribui-se a ele justamente um papel fundamental na transformação revolucionária dos estudos literários, que adaptou as tradições intelectuais britânicas ao ambiente mais filosófico dos estudos culturais.[1] Nossa visão habitual dessa "longa revolução" traçaria uma rota partindo da Crítica de Cambridge, passando pela sociologia da literatura (em livros como *Culture and Society*[2]), até chegar a um interesse mais amplo pelas formas de comunicação social que, por sua vez, produziram um conceito abrangente e sistemático de "cultura", permitindo uma abordagem direta e de cunho teórico às mídias, como a impressa, a televisão e o cinema. Contudo, Williams começou sua carreira acadêmica com uma tese sobre Ibsen, incluindo algumas observações teóricas

1 R. Williams, *Culture and Society*, 1780-1950. Londres: Chatto and Windus, 1958 [ed. bras. *Cultura e sociedade*. Trad. Anísio Teixeira. São Paulo: Companhia Editora Nacional, 1969].

2 "A transformação da Crítica de Cambridge em história cultural seria inconcebível sem o exemplo de Raymond Williams, que, acima de tudo, estabeleceu uma tradição de trabalho crítico radical partindo da própria instituição da Crítica." Catherine Belsey, "Towards Cultural History: in theory and practice", *Textual Practice*, 3: ii (1989), p. 161.

arrebatadoras sobre o drama em um livro publicado em 1950 e, em 1954, já havia produzido três livros sobre a relação entre drama e cinema.[3] Daí, percebemos uma clara continuidade na obra de Williams, uma preocupação perene com a análise teórica do drama em cena. Talvez seja mais apropriado começar a considerar as obras mais recentes sobre mídia como decorrentes dos primeiros estudos sobre o drama, em vez de resultantes de um movimento lógico em direção aos "estudos culturais" (embora as últimas obras não fossem possíveis sem o desenvolvimento prévio de uma teoria cultural e de um método socioliterário).

Nessa linha, uma segunda mudança de perspectiva envolve o caráter específico da obra de Williams no campo do drama. Costuma-se dizer que Williams – assim como a Crítica de Cambridge, seu ponto de partida – encarava o drama mais como uma questão textual, uma peça escrita para a análise crítica, do que como uma composição que só se completa no palco, tanto que seus escritos sobre drama continuam sendo um ramo da crítica literária, e não um campo específico do que hoje chamamos de "Teoria do Teatro". Já ouvi alguém defini-lo como "o único professor de teatro que nunca dirigiu uma peça". Essa impressão é reforçada pelo exemplo de seus livros mais conhecidos sobre o tema, *Drama from Ibsen to Brecht* (1968) e *Tragédia moderna* (1966). No primeiro, as peças de Ibsen, Strindberg, Tchekhov, entre outros, existem primeiramente como textos escritos para serem destrinchados de forma crítica: quase não há referência às circunstâncias cênicas, aos palcos e teatros, à influência dos diretores e atores na representação dos textos dramáticos. No segundo, o drama é incorporado a uma investigação teórica geral da tragédia, que inclui, entre os objetos, romances, historiografia e filosofia. O princípio estrutural que limita e define os conteúdos dessa análise é o conceito de cultura; o drama não é reconhecido como uma forma específica ou separável dentro daquela totalidade teórica. De certo modo, a primeira edição de *Tragédia moderna* corrigiu esse aparente desequilíbrio ao incluir a peça

3 *Drama from Ibsen to Eliot* apareceu em 1952, e *Preface to Film* em 1954. "A General Note on Drama" foi publicado em *Reading and Criticism* (Londres: Frederick Muller, 1950), embora Williams descreva *Drama from Ibsen to Eliot*, escrito entre 1947 e 1948, como "o primeiro livro" que escreveu (ver Raymond Williams, *Politics and Letters: interviews with "New Left Review"*. Londres: Verso, 1979, p. 190.)

do próprio Williams sobre o stalinismo, *Koba*;[4] porém, a versão que se encontra hoje – a edição revisada e publicada originalmente em 1979 – não contém a peça.

Teorizar a composição cultural de um período histórico, como Williams fez em *Drama from Ibsen to Brecht*, construindo uma lista seriada de dramaturgos e tentando identificar, para cada um, uma relação individual e em perspectiva e posicional com uma "estrutura de sentimento" geral, claramente vai contra o esforço teórico, visível em *Tragédia moderna* e outros, de compreender o drama como uma forma específica de produção cultural. Nos últimos estágios de sua carreira, Williams chegou a uma posição teórica bem diferente: quando escreveu (em 1983) que o cinema como um *medium* não deveria ser concebido como "um objeto significante unitário, filme, com propriedades comuns razoavelmente evidentes", mas sim como "um processo material específico ou repertório de processos",[5] ele adotou uma linguagem de análise crítica na qual as obras dramáticas não são vistas nem como propriedade de um autor individual, nem como descrições autônomas de uma realidade histórica, mas como o resultado de um processo social de produção cultural.

Essa trajetória teórica fala por si só; muito menos conhecida é a discrepância entre a metodologia centralizada no autor de *Drama from Ibsen to Brecht* e os princípios organizacionais bem diferentes que regem a forma de *Drama em cena*. No primeiro, Williams discute a peça *Hoppla! Wir Leben* (*Hoppla! Such is Life*, 1927), de Ernst Toller, como o produto característico da imaginação de um dado dramaturgo. Todavia, o único texto da peça a ser publicado, em 1927, já continha a concepção de como seria a encenação, que era claramente o resultado da colaboração entre Toller e o diretor Erwin Piscator. Muitos dos detalhes que Williams menciona como condições textuais de uma "estrutura de sentimento" dramática específica são, na verdade, as inovações tecnológicas introduzidas no teatro pela prática de um diretor revolucionário, em vez

4 Para a peça *Koba*, ver *Modern Tragedy* (Londres: Chatto and Windus, 1966). O livro foi publicado sem a peça em 1977 pela mesma editora [ed. bras: *Tragédia moderna*, trad. Betina Bischof. São Paulo: Cosac Naify, 2002].

5 R. Williams, "Film History" (1983), *What I Came to Say*, organizado por Neil Belton, Francis Mulhern e Jenny Taylor (Londres: Hutchinson Radius, 1989), p. 132.

de elementos peculiares da visão de mundo de um dramaturgo expressionista. Em *Drama em cena*, no entanto, Williams discute *A gaivota*, de Tchekhov, sob a ótica da interpretação de Constantin Stanislavski:

> O diretor cênico tornara-se um responsável por toda a concepção e criação do espetáculo [diretor ou encenador], que usa o que agora ele pode ver como um roteiro em vez de uma obra final, criando a partir dele a sua peça. Sem o talento de Stanislavski, talvez a encenação do tipo de escrita dramática de Tchekhov fosse impossível.

Por outro lado, *Drama from Ibsen to Brecht* traz uma discussão da peça *Reunião de família*, de T. S. Eliot, em que Williams usa, para analisar a poesia dramática, as mesmas técnicas críticas aplicadas pelo próprio Eliot na análise dos primeiros dramas em verso. A discussão análoga de *Reunião de família* em *Drama em cena* trata, em contrapartida, dos problemas de sua realização cênica, revelando de que forma uma perda de confiança no poder da peça de representar as Eumênides, ou constituir os membros do elenco como um coro, indica uma contradição entre o método dramático experimental de Eliot e as convenções do teatro contemporâneo e mostra como a peça, sem esses artifícios não naturalistas, fica reduzida a uma espécie de peça enclausurada na zona rural "West End".

Cada capítulo nesse último livro examina não um dramaturgo individualizado, nem fundamentalmente um texto específico, mas uma configuração particular das circunstâncias cênicas. Os textos analisados foram escolhidos com o intuito de representar formas históricas importantes de organização teatral (e dramática). Em cada um dos casos, um texto particular é situado dentro de certas condições materiais de representação: a concretização do texto na cena é, então, parcialmente reconstruída a partir de dados arqueológicos e acadêmicos, e parcialmente imaginada por meio de uma forma de "crítica prática" centrada na encenação ou "leitura ativa".[6] Quando novos capítulos foram acrescentados

6 "Crítica prática" é o método de "leitura cerrada" do texto (*close reading*) desenvolvido primeiramente por I. A. Richards e associado posteriormente à Escola de Cambridge. "Leitura ativa" é o termo criado por Peter Reynolds para definir a leitura de textos dramáticos para suas potencialidades de performance.

à edição revisada de 1968 com exemplos do cinema e do "drama experimental moderno" (Eliot, Brecht, Beckett, Bergman), pôde-se perceber que o método foi alterado: a ênfase analítica se afastou da preocupação com as condições de controle do espaço teatral e agora recai de maneira muito mais enfática nas potencialidades cênicas do texto dramático, ou (no caso do capítulo sobre *Morangos silvestres*) na relação entre o filme-texto e o diretor-como-escritor.[7]

Embora esse método de reconstruir as peças no imaginário seja diferente dos procedimentos empiristas da tradicional "história teatral" acadêmica, e diferente também da descrição documental detalhada das encenações propriamente ditas, praticada pela "teoria teatral" moderna, ele continua sendo um método para a análise do drama em produção e, como tal, parece independente das abordagens literária e sociológica que compõem os parâmetros mais comuns da obra crítica de Williams. Os textos dramáticos são abordados como textos escritos profissionalmente para serem levados à cena dentro de certas condições físicas específicas. Se "lido" apropriadamente dentro do contexto determinado por essas condições, o texto dramático expressará sua própria linguagem física e gestual. Não estamos lendo o texto como uma expressão direta da emoção e da opinião do dramaturgo individual, ou como a representação de uma ideologia social (duas dimensões ligadas pelo termo "estrutura de sentimento"); antes, estamos observando e analisando "um processo material particular ou repertório de processos" em ação. Bernard Sharratt descreveu os escritos de Williams sobre o drama como marcados por uma divisão acentuada entre a imagem do escritor isolado e a visão de uma sociedade alienada.[8] *Drama em cena* suprime ambas as categorias e propõe, em seu lugar, um método de compreender o drama como um processo material de produção cultural. Praticamente não há foco no dramaturgo, e não se projeta aí nenhuma visão ideológica da totalidade de uma cultura: a encenação dramática em si, concebida

7 Williams pensou em publicar na edição revisada a análise de uma "peça televisiva", o que quase inevitavelmente teria reaberto a discussão da metodologia de "condições-de-performance" dominante na versão de 1954 de *Drama em cena*. Agradeço à sra. Joy Williams por esta informação e por seu generoso empenho em tornar possível esta nova edição do livro.

8 B. Sharratt, "In Whose Voice? the drama of Raymond Williams", *Raymond Williams: Critical Perspectives*, organizado por Terry Eagleton (Oxford: Blackwell/Polity Press, 1989), pp. 134-35.

como a concretização apresentada de uma relação posta em ação com a convenção social, a crença e a ideologia, serve de mediadora entre essas categorias.

Williams aplicou seu método a uma sequência cronológica de textos importantes de períodos significativos da história do teatro e do drama – o palco grego, o *pageant* e o teatro de arena medieval, o teatro público elisabetano, os teatros comerciais de Londres desde a Restauração até o final do século XIX, o palco naturalista do Teatro de Arte de Moscou, o drama experimental do século XX, o filme. Ao discutir a *Antígona*, de Sófocles, como exemplo do drama trágico grego, ele inicialmente traça as circunstâncias cênicas materiais, esboçando os detalhes a partir das obras clássicas da história do teatro. Desse modo, as condições teatrais e dramatúrgicas que dizem respeito ao texto são apresentadas como uma condição prévia do veículo particular da representação: figurino e máscaras; relações físicas entre atores e coro; dança e música; convenções de fala e canto dos versos; configuração espacial da plateia; posição e participação do público; convenções que controlam a representação, o movimento, a fala e a música; o contexto cultural da cena trágica em um ritual cívico coletivo, o festival de Dioniso.

O movimento, a textura e a estrutura dramática do texto são demonstrados, interpretados e incorporados nas condições materiais de produção. Uma celebração dos êxitos humanos expressa pelo coro não é simplesmente representada, mas cantada e dançada; como consequência, a valorização que a peça traz da necessidade da lei humana violada por Antígona não é uma asserção abstrata, mas uma afirmação coletiva. É por meio do mesmo veículo físico-gestual que o poder expressivo da celebração acumula-se e concentra-se numa rejeição formal do infrator:

> Quando o coro chega ao fim desses versos, instaura-se seu gesto coletivo de rejeição, de expulsão do transgressor; ele é exibido nas fileiras do coro, que mantêm fixa a postura na qual termina o gesto de rejeição, o sinal estático e suspenso de expulsão. (p. 30)

Pode-se perceber que a valorização desse método de analisar as representações recai sobre o valor semiótico da ação física que o texto exige ou sugere quando posto em ação em seu contexto teatral apropriado.

Ao aplicar esse método a exemplos do drama europeu desde a Idade Média até os dias atuais, Williams, ao mesmo tempo, traça o contorno teórico de uma transição histórica. A partir dos palcos abertos e espacialmente genéricos do período medieval e na transição para o moderno, sobre os quais era possível apresentar um drama de proporções cosmológicas e de intensidade moral, como *Everyman*, ou um drama secular de grande escala geográfica e contingência humana imediata, como *Antônio e Cleópatra*, Williams analisa a redução gradual – evidenciada pelas mudanças materiais na estrutura física dos teatros e no desenho dos palcos – desse espaço arquitetônico e dramatúrgico, transformado no espaço individual e limitado do naturalismo moderno. Ao comparar três peças da Restauração até o fim do século XIX – *The Plain Dealer* (1676), de Wycherley, *O mercador de Londres* (1731), de Lillo, e *Caste* (1867), de Tom Robertson –, Williams identifica suas circunstâncias cênicas na forma mutável do teatro comercial de Londres. Em 1676, o Teatro Real de Drury Lane, um dos dois teatros licenciados, posicionou o público nobre e elegante diretamente às vistas de um palco mais baixo, a criação da boca de cena e cenário pintado e móvel. A relação dramatúrgica dinâmica em Wycherley mostra-se uma relação entre o universo cenográfico representado e o público que ele essencialmente reflete. Dentro dessa íntima relação cultural – um palco ainda relativamente genérico, livre de convenções de fala e ação, e um método dramático de exibição aberta e flexível (o personagem principal, Manly, pode se relacionar diretamente com o público, apontando para os exemplos cênicos que são típicos da vida moderna, comentando-os e discutindo-os com os espectadores) –, o público podia reconhecer, na dramatização, seu próprio mundo social e moral. Tal reconhecimento não se originava em pontos fixos da cenografia ou em espaços delineados do desenho do palco, mas como um fluxo interativo contínuo de impressões e experiência.

Na peça de Lillo, Williams mostra o surgimento de um novo drama moralista e de feição sentimental possibilitado pela capacidade cenográfica de manter o local fixo, combinada com uma boca de palco reduzida e um proscênio recuado, porém utilizável. Na caixa cênica, a "decoração" era feita pelo uso de panos de fundo pintados que eram puxados, um a um, para que outra localidade fixa se revelasse – uma cela numa prisão, um calabouço, um lugar de execução. No proscênio, estreito, os personagens podem projetar suas opiniões morais e indicar, como exemplos morais, os vários *tableaux* visíveis através da moldura que a boca de cena forma – o assassino confinado numa cela ou sendo levado para a forca. A boca de cena, que não era usada no teatro da Restauração, agora serve como uma linha clara de demarcação entre a representação naturalista e a interação dramática dos personagens com o público.

Esse esboço teórico da transição teatral completa-se com um exemplo do que Williams chama de naturalismo teatral (diferente do naturalismo dramático) presente em *Caste*, de Tom Robertson, produzida no Teatro Real do Príncipe de Gales em 1867. O palco já estava totalmente recuado, perdendo o proscênio; uma orquestra e a ribalta separavam-no da plateia, agora maior e socialmente estratificada. O público passou a ser majoritariamente composto pela classe média, e o horário das apresentações foi alterado – das tardes calmas da aristocracia para o entretenimento noturno dos comerciantes. Uma nova tecnologia de iluminação foi introduzida pela chegada da iluminação a gás e a plateia passa a ficar no escuro. Do isolamento e da passividade da escuridão, os espectadores assistem, através da estrutura delineada que a boca de cena forma, a um espetáculo agora controlado e dirigido por um diretor cênico. Williams trabalhou a partir de um roteiro de produção dessa peça, repleta de direcionamentos detalhados sobre cenário, adereços, figurinos, efeitos especiais, luz e o uso do espaço. O texto dramático agora contém um desenho detalhado para limitar a ação; o posicionamento dos atores é determinado, e o diretor cênico (como "encenador" e "diretor") agora é crucial para coordenar a interação entre texto, marcas, rubricas e tecnologia de palco.

A importante distinção teórica entre naturalismo "dramático" e "teatral" é desenvolvida posteriormente na discussão de *A gaivota*, de Tchekhov, cuja análise tem como base a produção de 1898 de Stanislavski e Nemirovich-Danchenko no Teatro de Arte de Moscou (conhecido na época como Teatro de Arte Popular). *Caste* pertence a uma convenção na qual a representação das aparências, do que é externo e está na superfície pode ser completamente prescrita pelo texto que, quando encenado, produz "um conflito e até uma representação complacente das coisas como elas são", evocando uma confiança empírica na realidade das aparências: "as coisas são o que parecem". Já o drama de Tchekhov é bem diferente: produzido num teatro em que a figura do "diretor" (ou encenador) se tornou uma força muito mais influente, pode-se conceber *A gaivota* como um texto cujas diretrizes para a necessária movimentação cênica correspondente à sua ação verbal são dadas apenas parcialmente.

Analisando a relação entre o texto-peça de Tchekhov e o texto-produção (o caderno de direção) de Stanislavski, Williams demonstra que a literatura dramática do apogeu do naturalismo é caracterizada por uma incompletude radical, uma clara insuficiência, pois as convenções que regem a encenação exigiam uma ação muito mais detalhada e complexa do que aquela apresentada apenas pelo diálogo. Até certo ponto, essa ação cênica pode ser relacionada ao que Williams chama "hábito do naturalismo" – os personagens devem ter "algo para fazer" enquanto falam. Assim a partitura gestual dos atores (como o ato de fumar, murmurando ou assoviando), que não tem nenhuma relação causal ou necessária com a ação dramática incorporada no texto. Mas essa separação entre os textos verbais e textos de ação também pode ser encontrada nos aspectos mais significativos da produção em que a ação teatral prefigura e alude a um nível de significado que, no texto verbal, ocorre de forma incompleta, é suprimido ou ainda oculto. Essa projeção de um "subtexto" e a tentativa de criar uma ação teatral que o expresse demonstram quão pouco o naturalismo, em seu apogeu, para representar a vida em termos de aparências superficiais, depende da aspiração mimética. Como observou Williams, em Tchekhov,

> o que é visível e diretamente exprimível nada mais é do que um contraponto à vida que não se realizou – as possibilidades, os medos, os desejos comuns e interiores –, vida que se esforça para tão somente participar deste mundo encenado de maneira sólida. (p. 174)

Quanto mais detalhada for a representação naturalista, mais o drama revelará aquele mundo de aparências, num sentido emocional e psicológico, como um mundo radicalmente desprovido de substância: "o que o teatro parecia tornar real, em cena, era aquilo que se desejava mostrar como uma realidade limitada, em termos dramáticos" (p. 174). Sob esses aspectos, o drama do "apogeu do naturalismo" revela um descontentamento com as convenções cênicas existentes e uma importação de recursos técnicos de outra grande forma de cultura, o romance (decerto não é por acaso que Tchekhov também era um mestre da prosa de ficção), que, de forma semelhante, busca o acúmulo de detalhes para expressar uma estrutura total e complexa de sentimento e também reconhece a tensão entre a realidade que retrata e as realidades que descobriu e revelou.

Essa trajetória histórica é abandonada numa avaliação notável de *Esperando Godot*, de Beckett. Williams demonstra de maneira convincente que a peça, celebrada amplamente como um afastamento radical da tradição dramática e teatral, é, em outro sentido, um legado atenuado do naturalismo: os personagens estão tão aprisionados e confinados em seu universo cenográfico indistinto e atemporal quanto estão os personagens do naturalismo no interior de suas caixas cênicas cuidadosamente projetadas. Na encenação, onde as potencialidades experimentais são inseridas em uma relação interativa com os hábitos e convenções do teatro, *Godot* pode parecer, apesar de sua originalidade – sua diferença do naturalismo nos recursos e convenções –, essencialmente "uma repetição do teatro naturalista".

O método aqui desenvolvido por Williams, o de analisar peças ou cenas dentro de suas condições originais de produção, tornou-se quase universal na crítica teatral e dramática, embora fosse, na sua época, como o próprio autor sugeriu na edição de 1954, visivelmente "original". A Crítica de Cambridge, dentro da qual Williams adotou uma posição caracteristicamente independente, via o drama apenas em seus aspectos históricos e literários (Williams foi aluno de E. M. W. Tillyard), ao passo que o emergente grupo *Scrutiny*[9] estava longe de levar em conta o drama, salvo como um tipo de romance em

9 Revista literária fundada por Frank Raymond Leavis. A revista acabou gerando o movimento Scrutiny, cujo objetivo era utilizar a tradição da ficção inglesa para evitar a degeneração da cultura e para alertar os alunos sobre a pobreza linguística da imprensa e a manipulação da publicidade. A revista foi uma das bases do que conhecemos hoje como "estudos culturais". [N.E.]

verso, tal como podia conceber o romance somente como uma espécie de "poema dramático".

Trabalhos críticos como *Drama and Society in the Age of Johnson*, de L. C. Knights, aceitos durante muitos anos como textos-chave sobre o drama renascentista, praticamente ignoram a dimensão da cena e dedicam-se muito pouco ao teatro como uma instituição cultural. Como afirma Alan O'Connor,[10] quando Williams optou pelo drama como tema de investigação na década de 1940, ele estava escolhendo um caminho bem independente, para não dizer excêntrico. Analogamente, abordar o drama como veículo de encenação e como forma cultural era uma aventura arriscada e sem nenhum apoio: os recursos de Williams (certamente em 1954) resumiam-se a livros de história do teatro sem nenhum modelo de análise prática de cunho teórico, como a que ele desenvolveu. Mesmo nessas condições intelectuais desfavoráveis, Williams propôs uma alternativa à apropriação crítico-literária do drama como uma forma de narrativa escrita e, com isso, antecipou o desenvolvimento relativamente recente da crítica "cenocentrista".

O cenocentrismo se desenvolveu, em grande medida, de uma forma empírica e antiteórica que poderia proveitosamente ser revista pelas metodologias traçadas em *Drama em cena*. Da mesma maneira, grande parte da nova crítica (paradoxalmente muito influenciada por Williams) foi desenvolvida numa postura antagônica em relação ao teatro como espaço de encenação.[11] Neste livro, encontramos um método de leitura dramática que demonstra a possibilidade de conciliar a análise da cena e a decodificação pós-estruturalista. A abordagem "materialista cultural" das condições de produção praticamente elimina o autor[12] e concentra-se na representação dramática

10 Alan O'Connor, *Raymond Williams: Writing, Culture, Politics*. Oxford: Blackwell, 1989, p. 80.

11 Para uma discussão desse desenvolvimento teórico, ver Graham Holderness, "Production, Reproduction, Performance: Marxism, History, Theatre", em *The Uses of History: Marxism, Post-modernism and the Renaissance*, organizado por Francis Barker, Peter Hulme e Margaret Iverson (Manchester: Manchester University Press, 1991).

12 Essa coincidência com a teoria pós-estruturalista é um efeito do método. Ele coexiste em contradição com uma ênfase na primazia do autor como produtor do texto dramático apresentável, o que pode aqui ser visto mais enfaticamente no ensaio sobre Bergman.

como um processo material. Encontramos uma atenção de cunho histórico às convenções da representação e uma crítica de cunho teórico em relação ao naturalismo; ambas podem ser comparadas favoravelmente à valorização que a crítica contemporânea faz da capacidade que a literatura tem de incorporar a "vida" imediata.

Junto a esses avanços teóricos, há aqui uma constante insatisfação com as ferramentas tradicionais da análise crítica e uma busca presciente de algum método de "notação" formal que pudesse abranger os sistemas complexos de significação da produção teatral; além disso, há também uma tentativa pré-semiótica de identificar códigos gestuais na representação, tais como o sistema de "signos indexicais" na *Antígona*, de Sófocles. Não obstante o fato de que *Drama em cena* antecede o impacto de atividades teóricas como a semiótica, indispensáveis a qualquer método contemporâneo de análise de cena, sua articulação flexível e dinâmica dos textos dramáticos, da história do teatro, dos contextos particulares de cada representação e das potencialidades de concretização cênica implícitas nos textos pode ainda apontar para direções necessárias na análise teórica do drama como produção cultural.

O ensaio, obviamente, não está livre de problemas teóricos, assim como outras obras sobre o drama produzidas no mesmo período. A insistência na primazia do texto pode resultar numa hipótese extremamente rígida e mecanicista do controle exercido pelo texto sobre a cena. Se o texto dramático é uma exposição inteiramente escrita de todas as potencialidades de concretização cênica da peça, como Williams parece afirmar, então toda performance "correta" deveria ser idêntica à outra. A figura banida do dramaturgo, quando entendida como o criador de um texto-performance coreografado de forma precisa, poderia facilmente reaparecer nessa discussão como autoridade dominante; e o crítico também poderia facilmente se autonomear detentor das "intenções" do dramaturgo diante da distorção e da vulgarização do teatro. Nesse sentido, a abordagem histórica da cena, em oposição a uma atenção à representação teatral contemporânea, poderia ser interpretada como um sintoma da danosa separação entre o "drama" e o "teatro por completo" que, segundo alguns, por vezes marca a obra de Williams.

Um novo exame de *Drama em cena* demonstrará que essas dificuldades estão longe de produzir danos insuperáveis; e muitas vezes são tratadas no texto com veemência e clareza consideráveis. Quando se concentra nas relações entre texto e realização cênica, Williams, ao se mover na direção do conceito de "texto-espetáculo", requer, para explicá-lo, um método de notação formal além do alcance da crítica literária. Em vez de usar um texto moderno de *Hamlet* em sua discussão no capítulo 5, ele usa uma edição crítica com o intuito de organizar (prevendo a cobrança, por parte da crítica materialista cultural, de uma "bibliografia") as "indicações cênicas alternativas" que estão espalhadas nos textos do Primeiro Folio e do Segundo Quarto, mostrando múltiplas possibilidades de representação. Ao discutir *A gaivota*, ele menciona divergências entre as orientações textuais de Tchekhov e as estratégias diretivas de interpretação de Stanislavski; no entanto, em vez de criticar o último por ter distorcido as orientações escritas do dramaturgo, Williams reconhece a colaboração do diretor como um meio indispensável para realizar esse tipo de forma dramática – a forma das condições essenciais de sua possibilidade.

De mais a mais, acusar Williams de interesse na literatura dramática que parece paradoxalmente implicar uma hostilidade aparente com respeito ao teatro contemporâneo é deixar escapar um ponto crucial. O antagonismo de Williams era dirigido contra um teatro dominado pelo naturalismo, e seu contínuo apelo à história teatral era tanto uma tentativa de demonstrar a possibilidade de um drama além do naturalismo quanto uma polêmica, embasada e vigorosa, com o objetivo de tornar o teatro moderno mais receptivo ao imenso leque de possibilidades dramáticas visíveis apenas por meio de uma investigação histórica das mais variadas circunstâncias cênicas.[13]

Por último, é necessário falar um pouco sobre o desenvolvimento histórico deste livro em particular, reeditado exatamente na mesma forma autorizada por Raymond Williams para a edição revisada de 1968. Enfatizei o caráter

13 Pode-se ler sobre essa polêmica em sua forma mais vigorosa em "A General Note on Drama", em *Reading and Criticism* (ver nota 3), e em uma passagem legendada como "The Effect of Naturalism" presente no último capítulo da edição de 1954 de *Drama em cena*, omitida na revisão.

extraordinariamente pioneiro dos métodos do livro, comparados aos procedimentos críticos que se tornaram dominantes no campo dos estudos literários. A Crítica de Cambridge, no entanto, não fazia parte do ambiente a partir do qual surgiu o livro, como deixa claro a edição original de 1954. Entre 1946 e 1961, Williams trabalhou como professor na Workers' Educational Association (WEA), ligada ao Departamento de Extensão Universitária da Universidade Oxford. *Drama em cena* foi publicado por Frederick Muller como um dos volumes da série "Man and Society" – o próprio Williams era um dos organizadores. Os outros organizadores da série eram o vice-presidente da WEA e o diretor do Departamento de Extensão Universitária da Universidade de Leeds. A série tinha como objetivo "satisfazer a necessidade de novos livros para a educação de adultos. Serão úteis particularmente para estudantes e professores dos departamentos de extensão universitária, de outros projetos educacionais financiados pelas autoridades locais, de organizações de voluntários como a Associação Educacional dos Trabalhadores e Centros de Educação de Adultos, e em escolas técnicas".[14]

O livro carrega muitos traços de seu contexto originário: os resumos das peças que servem de abertura para cada capítulo e a reprodução de trechos de cenas específicas parecem extensões relativamente diretas da prática de seminários. O apêndice bibliográfico, que na edição revisada tornou-se apenas uma lista de livros, era um guia de "leitura adicional" na versão de 1954, com propostas detalhadas para um plano de estudos mais extenso. Falei acima do "ambiente intelectual desfavorável" da Escola de Cambridge; este livro surgiu, entretanto, de um dos ambientes educacionais mais benéficos que um pesquisador pode encontrar para desenvolver seu trabalho. Talvez seja mais fácil entender e apoiar a noção de cultura como atividade social coletiva e como processo material de produção dentro do contexto de um engajamento contínuo com estudantes adultos que pensam e aprendem do que em outros espaços do sistema educacional. Estamos numa época em que, em meio a agudas

14 Sobrecapa de *Drama em cena* (1954). Lady Simon de Wythenshawe era vice-presidente da WEA, e S. G. Raybould era diretor do Departamento de Extensão Universitária da Universidade de Leeds.

contradições políticas, aqueles valores que antes eram discriminados e alocados em "cursos de extensão universitária" e "educação de adultos" estão se tornando prioridades essenciais dentro do sistema central de educação superior. Nada mais apropriado, portanto, do que recolocar em circulação um livro que comprova de forma tão eloquente a possibilidade de uma cultura educacional democrática. "A cultura é um 'bem comum'", como afirma o próprio Raymond Williams, "e é nela que devemos começar"; e depois acrescenta, expressando o mesmo compromisso dialético com o desejado e o existente, com o *status quo* da experiência e com a necessidade da transcendência: "É no lugar onde vivemos que começamos a pensar".[15]

15 R. Williams, "Culture is Ordinary", em *Conviction*, organizado por N. MacKenzie (Londres: MacGibbon and Kee, 1958), p. 74; e "Culture and Revolution: a comment", em *From Culture to Revolution*, organizado por Terry Eagleton e B. Wicker (Sydney: Sheed and Ward, 1968), p. 24.

# Drama em cena

# 1. Introdução

Este livro tem a forma de um ensaio crítico. Seu tema, *drama em cena*, aparece de três modos: primeiro, no desenvolvimento de um método de análise dramática; segundo, em uma explicação da representação de algumas peças selecionadas; terceiro, na discussão de certas ideias gerais nas relações entre texto e cena no teatro, e das consequências dessas ideias na teoria teatral.

O tratamento dado a cada um desses pontos é o mesmo de um ensaio, e não de um trabalho sistemático, não só porque a abordagem explora um campo sobre o qual, até agora, há poucos trabalhos sistemáticos, mas também porque o objetivo geral da minha investigação é o desenvolvimento e a comparação históricos, o que, por si, já oferece, a meu ver, a chance de ir além de alguns hábitos de pensamento e importantes suposições contemporâneas. Teria sido impossível começar esse tipo de análise, seja de uma representação dramática grega, de uma peça religiosa medieval ou de uma produção elisabetana ou da Restauração, sem se basear na obra (em muitos casos de uma vida inteira) de uma série de pesquisadores que investigaram os fatos básicos e primordiais. Minha dívida para com essas obras é nítida e reconhecida com gratidão. No entanto, tentar colocar em jogo seus resultados, pela comparação e análise, e depois relacioná-los aos problemas e métodos contemporâneos impossibilita, desde o início, qualquer tentativa de completude ou de tratamento sistemático.

Minhas questões surgiram de meu próprio trabalho sobre o drama moderno, e meu intuito era poder oscilar livremente nas comparações históricas, de um jeito que só seria possível num ensaio.

As questões a que tento responder podem se dividir em diversos ramos, mas suas raízes se resumem a uma única questão: historicamente, qual é a relação entre um texto dramático e sua representação? Acredito ser essa a questão fundamental da teoria do teatro. Contudo, ela só pode ser respondida, em princípio, de forma prática. Minha proposta é analisar várias peças, selecionadas de épocas distantes umas das outras, e examinar, em cada caso, a relação entre texto e cena. Para tal análise, obviamente, é necessário pelo menos uma pequena exposição das circunstâncias cênicas e de montagem existentes na época em que cada peça foi escrita. Essa breve exposição é útil porque nos permite ver a variedade histórica das possibilidades cênicas, uma vez que todos nós, de forma bem natural, tendemos a construir nossa ideia de representação teatral a partir da experiência contemporânea que temos dela; tal construção, que há sempre de ser limitada, pode às vezes ser ineficaz ao nos fazer abordar uma arte variada e contínua como se fosse um hábito singular e fixo. Porém, conhecer as circunstâncias cênicas apenas em linhas gerais é insuficiente; também precisamos conhecer, tão detalhadamente quanto pudermos, a prática possibilitada por essas condições: a representação teatral como uma realidade, e não como uma explicação generalizada. Tento, portanto, depois de estabelecer essas circunstâncias e esses recursos cênicos, mostrar como realmente cada uma das peças que selecionei foi representada, escolhendo como exemplo justamente determinadas cenas cujos detalhes podem ser minimamente levados em conta.

Em cada um dos casos, uma exposição completa das circunstâncias cênicas e de montagem exigiria uma obra em separado e não menos abrangente. Em vez disso, tentei dar ênfase aos traços dominantes e os julguei suficientes para meu objetivo aqui; o leitor, todavia, perceberá que: a) para ter uma exposição mais completa, deverá recorrer às obras que listo no fim do livro; b) em meu resumo, tive de fazer várias escolhas em relação a pontos sobre os quais há uma considerável discordância entre pesquisadores qualificados; c) embora tenha feito isso depois de pesquisar todas as evidências e argumentos que tinha em mãos, minhas explicações não são veredictos, mas escolhas cujo intuito não é substituir o estudo dos especialistas de cada um desses campos.

Da mesma maneira, em alguns casos, expliquei os textos como um meio para a análise do drama em cena e não, obviamente, como um estudo completo e autossuficiente. Como disse, as explicações que dou tanto das circunstâncias gerais quanto dos textos são somente meios para a análise posterior da obra dramática representada, que é aqui meu objeto. Decerto, o leitor também estará ciente de que as análises das obras escolhidas não pretendem ser equivalentes a uma explicação de *todo* o drama em suas representações, ou ainda de todos os seus aspectos principais. Escolhi os aspectos que pareciam mais relevantes e interessantes, e acredito que todas as peças que usei sejam bons exemplos dessas formas essenciais. Entretanto, não há dúvidas de que existem muitas formas que não examinei, e mesmo dentro das formas que escolhi ainda há uma variedade bem maior do que fui capaz de elucidar. A verdadeira seleção baseia-se, em última análise, no meu próprio julgamento dos elementos essenciais da tradição dramática que considero, para nós, ser extremamente importante entender e conhecer.

É preciso explicar o método de análise de cada obra escolhida. Podemos estudar uma peça escrita e formular uma conclusão sobre ela; a leitura a que chegarmos será crítica literária, ou terá a intenção de ser. Paralelamente, podemos estudar uma encenação e formular uma conclusão sobre ela; a leitura a que chegarmos será crítica teatral, ou terá a intenção de ser.

Por uma simples questão de restrição do objeto, o estudo de um texto corre o risco de não incluir nenhuma consideração mais detida sobre a forma de sua possível representação, considerado o desejo do autor quanto à maneira como esta deveria ser conduzida. Similarmente, o estudo de uma encenação pode isolá-la, deixando de considerar a peça escrita. Esses métodos têm sua utilidade, mas, no final das contas, o exercício crítico deve ir além deles. É um avanço ter uma explicação literária de uma peça seguida por uma consideração de sua representação; ou uma explicação teatral de uma encenação precedida por uma explicação do texto que está sendo representado.

Temos bons exemplos na tradição inglesa tanto desses métodos quanto de outros anteriores. Estranhamente, porém, temos pouquíssimos exemplos do próximo e necessário estágio: uma consideração da peça e da encenação, do texto literário e da representação teatral, não como entidades separadas, mas como a unidade na qual elas têm a intenção de se transformar. Um olhar sem maiores pretensões pode sugerir que tal procedimento seja comum; no entanto, acredito que um exame mais minucioso mostrará que o estudo literário e o teatral estão, quase sempre, em searas separadas. E isso acontece, sugiro, devido a uma confusão – tanto teórica quanto prática – na compreensão contemporânea que temos da relação entre um texto dramático e uma encenação. Essa relação é o principal problema teórico que tento resolver.

Não pretendo, entretanto, basear minha conclusão apenas na discussão formal. Em minhas análises das obras em cena, tentei encontrar um método que pudesse ser adequado para o exercício crítico, no sentido pleno em que o defini. Minha preocupação é com a *obra escrita posta em cena*: a estrutura dramática de uma obra – que podemos perceber quando a lemos como literatura – na forma como realmente aparece quando a peça é representada. Na prática, a relação entre texto e cena poderá variar; analisá-las em conjunto me parece ser um reforço necessário. Grande parte do pensamento contemporâneo supõe constantemente que literatura e cena existem em separado, embora o teatro seja, ou possa ser, tanto literatura quanto cena, não um em sacrifício de outro, mas um *por causa* do outro. É por pensar que hoje a separação tem sido profundamente limitadora para o teatro que estou examinando, como um ponto formal da teoria, a relação entre texto e cena. Mas essa questão também pode ser tratada, de forma mais imediata, pela análise do texto e de suas representações reais. É certo que, em minhas análises, terei de confiar no exercício cuidadoso da imaginação. Não tenho como retomar as representações originais; porém, ao abordar cada cena a partir de diversos aspectos, espero reconstruir sua unidade essencial. O leitor perceberá que é quase impossível haver certeza documental quanto a detalhes, e que a imaginação pode ser interpretada – e desprezada – como "especulação".

Contudo, uma vez que minha tentativa possa muitas vezes conter falhas e eu fique feliz por receber possíveis correções e alternativas, afirmaria que o método em si é válido e necessário. Os padrões de comparação são os aspectos gerais conhecidos da montagem e os textos existentes, e é justamente nesse contexto que meus exercícios de imaginação dramática podem ser acompanhados e checados. O esforço imaginário em si não precisa ser justificado; ele pode, em determinados casos, ser bem-sucedido ou falhar, mas é uma faculdade sem a qual nenhum estudo atual das artes cênicas seria possível. Tentei conferir essa força imaginativa a tudo o que digo, em meus argumentos conclusivos, sobre as possibilidades dramáticas contemporâneas, especialmente sobre nossos novos meios de escrita e representação cênica.

Começo onde o teatro que conhecemos começou: em Atenas, século v a.C. Uso a *Antígona*, de Sófocles, como exemplo. Prossigo e examino brevemente alguns diferentes tipos do drama medieval inglês anteriores à construção de nossos primeiros teatros. No ponto que ainda é considerado o apogeu da tradição dramática europeia, examino uma representação da peça *Antônio e Cleópatra*, de Shakespeare. Depois, tomo alguns exemplos da fase de transição do drama inglês: começo na Restauração com *The Plain Dealer*, de Wycherley, passo pelo século xviii com *O mercador de Londres*, de Lillo, até chegar ao teatro vitoriano com *Caste*, de Robertson. Logo após, examino a encenação de Stanislavski, no Teatro de Arte de Moscou, para a peça *A gaivota*, de Tchekhov, um dos auges do naturalismo. Em seguida, analiso três exemplos do drama experimental moderno: *Reunião de família*, de T. S. Eliot, *Vida de Galileu*, de Brecht, e *Esperando Godot*, de Samuel Beckett. Concluo meus exemplos com a análise de um filme: *Morangos silvestres*, de Ingmar Bergman. Espero que as questões levantadas especificamente nesses exemplos possam ser coordenadas e reformuladas numa forma nova de pensar o drama em cena.

## 2. *Antígona* (c. 442 a.C.), Sófocles

*Circunstâncias cênicas*

A representação dramática acontece em um momento de celebração, a Grande Dionísia, festival que ocorria em Atenas, nos últimos dias de março. No primeiro dia de festival, a imagem de Dioniso Eleutério era carregada numa procissão magnífica até um santuário fora da pólis, onde se sacrificava um touro como oferenda; depois que escurecia, a imagem era levada de volta numa procissão à luz de tochas e colocada no teatro.

O festival dramático é parte de uma cerimônia de adoração a Dioniso. Organizado pela pólis, tem a duração de cinco dias, nos quais três poetas competem, cada qual apresentando três tragédias e uma peça satírica; também haverá a apresentação de cinco comédias e o canto de hinos ditirâmbicos pelos coros de homens e rapazes. Além do trabalho dos poetas, o canto ditirâmbico e a performance dos atores principais também fazem parte de uma competição. As cerimônias são iniciadas ao amanhecer de cada dia no teatro, com um sacrifício de purificação e a oferenda de libações. No centro da primeira fila do auditório fica o sacerdote de Dioniso Eleutério; sentado ao seu lado, os sacerdotes de Zeus e Atena. Atrás deles há um público imenso, por volta de dezessete mil homens, mulheres e crianças. Todas as atividades comerciais da pólis são suspensas durante o festival.

O teatro de Dioniso, no qual se reúne todo esse público, se utiliza do flanco da montanha abaixo do rochedo da Acrópole. A oeste, o público pode ver a pólis e o porto; a leste, o campo aberto. Abaixo do auditório, onde o público se senta em bancos de madeira em arquibancada, o componente dominante é a *orchestra* circular, o lugar das danças (*orchesis* = dança). Ela mede cerca de dezoito metros de diâmetro, é cercada por uma mureta de pedra, e seu piso é de terra batida. No centro da *orchestra* fica um altar (*thymele*), com um degrau ao lado.

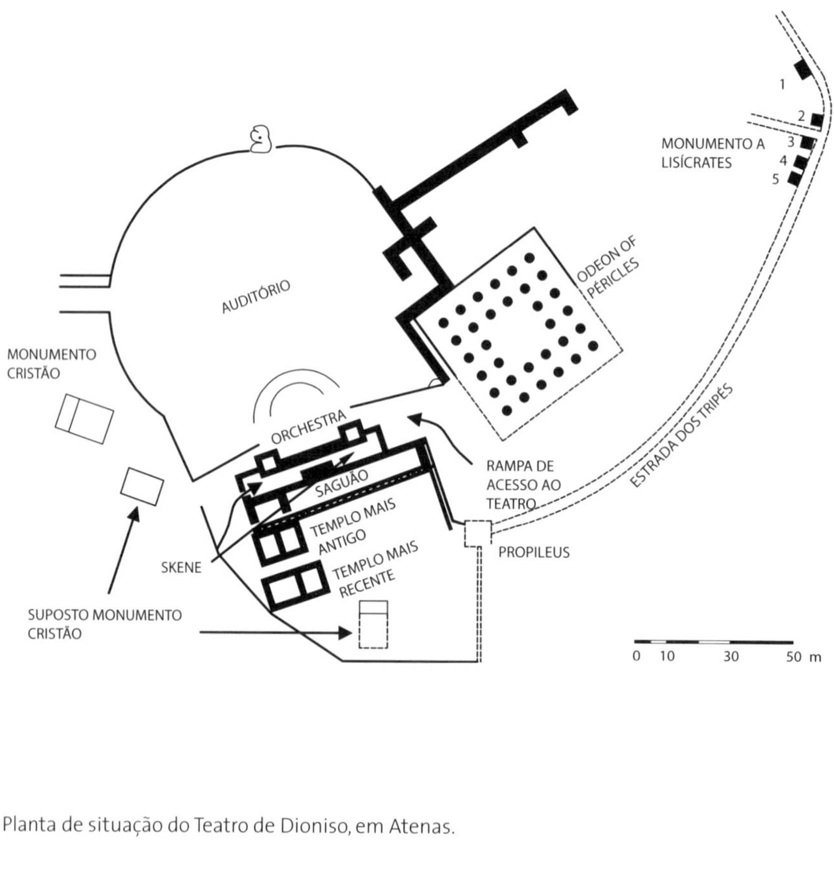


 Planta de situação do Teatro de Dioniso, em Atenas.

Atrás da *orchestra* e defronte ao auditório, ergue-se uma construção de base retangular de madeira com um único pavimento e medindo cerca de trinta metros de largura. Em cada extremidade dessa construção, há bastidores (*paraskenia*) voltados para a área de encenação; entre esses bastidores e o auditório, há duas entradas para a *orchestra* (*parodoi*). A construção de madeira é conhecida como *skene*, e uma grande porta central nela se abre para o espaço entre os bastidores salientes, que também têm portas que se abrem para esse mesmo espaço. O espaço é o *logeion*, o lugar da fala dos atores, em oposição à *orchestra*, o lugar da dança para o coro. O *logeion* não é um palco no sentido moderno; é erguido a pouco menos de meio metro acima do nível da *orchestra*, numa plataforma larga que se prolonga para trás até a fachada da *skene*. Nessa fachada há uma cena pintada representando um palácio. Atrás da *skene*, há o templo e recinto sagrado de Dioniso, onde geralmente é mantida a imagem que agora está no teatro.

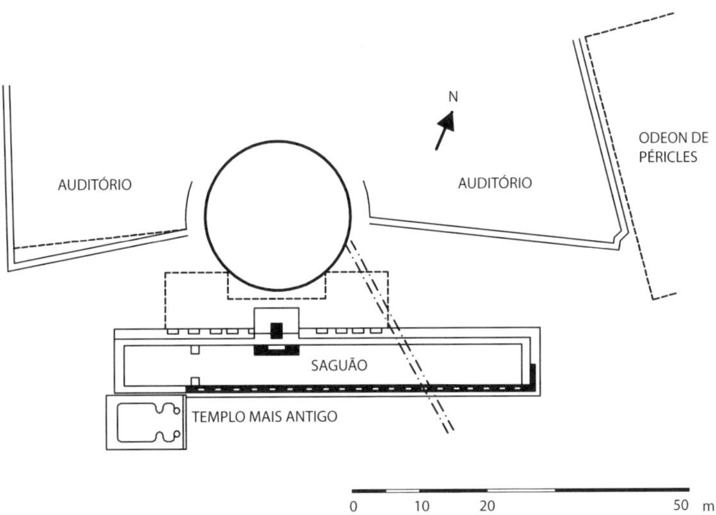


Detalhe da área de representação, Teatro de Dioniso, Atenas. *Skene* e *paraskenia* estão indicadas pela linha pontilhada; o espaço entre a *paraskenia* dentro do qual se projeta a *orchestra* é o *logeion*.

O início de cada peça é anunciado por um trompete. Na *Antígona*, a porta central é aberta e os primeiros atores entram no *logeion*. A peça será representada por três atores que dividem as falas individuais, e por um coro de quinze, dos quais o líder, corifeu (*coryphaeus*), também falará individualmente. Os atores e os membros do coro são todos homens. Os atores vestem uma túnica comprida, com um manto mais curto por cima; esses mantos são extremamente coloridos e trabalhados, mas normalmente não diferenciam o personagem (a não ser que se vista uma peça de malha aberta, representando um profeta). Nos pés, os atores vestem calçados ornados e de sola fina (calçados com solas de até vinte centímetros de espessura pertencem a um período posterior). O traço mais marcante na aparência dos atores é a máscara que usam, feita de linho e cortiça, papel, fibras ou couro, cobrindo-lhes a cabeça por completo. A máscara é pintada para representar o personagem, sendo a cor o primeiro elemento distintivo: branco para mulheres, cores mais escuras para os homens. A pintura dos traços é marcada e estilizada, mas não caricatural. Há uma fenda aberta no lugar dos olhos, e os lábios são separados.

O coro também usa máscaras, e suas túnicas são decoradas – embora se pareçam muito mais com as vestimentas cotidianas do que as usadas pelos atores. O corifeu se destaca por um figurino mais elaborado. Junto ao coro fica um flautista, também com traje decorado, mas sem máscara. Para complementar a cena, há vários figurantes usando máscaras e túnicas como os atores, mas que não falam.

São três os tipos de discurso utilizados tanto pelos atores quanto pelo coro. Há o modo de declamação formal, mais próximo do modo comum de falar, mas, ainda assim, diferente por causa da ênfase na métrica; um tipo de fala recitativa (*parakataloge*, diferente de *kataloge*, declamação), no qual uma voz entoada é acompanhada pela flauta; e, finalmente, o canto, também acompanhado pela flauta, na forma de solo (*monodia*), dueto ou trio, entre um ator e o coro (*kommos*), ou a ode de todo o coro. A forma específica de discurso usada em cada ponto da peça é determinada pela métrica na qual são escritas as falas.

Os gestos que acompanham a declamação são, tanto quanto possível, indicados na composição das falas. Seu caráter é formal e controlado momento a momento pelo discurso, "como se as palavras e as partes do corpo estivessem ligadas por cordas puxadas pelas primeiras". A dança (*orchesis*), de modo geral, faz uso de todo o corpo, especialmente das mãos e do movimento das pernas. O propósito de cada movimento é mimético – ou seja, a materialização gestual do que está sendo expresso verbalmente, seja pela pessoa que canta ou fala, ou em resposta ao que é falado ou cantado por outro. Há três classes de movimento: indicações (apontar para um objeto ou para uma pessoa), gestos e sinais (expressão de um sentimento) e posturas, *schemata* (a posição que deve manter-se estática quando um gesto se completa). Como se espera, todos esses movimentos serão executados pelos atores no *logeion*. Também serão feitos, a um só tempo, pelo coro na *orchestra*. O coro, que normalmente entra pela primeira vez na *orchestra* pelo lado esquerdo de quem vê, é formado em três filas, cada uma com cinco membros (*choreutae*). O líder do coro, corifeu, fica no centro da fila que, quando se entra pela esquerda, fica mais perto do público, isto é, no centro da primeira fila. O flautista, que entra na *orchestra* antes do coro, assume seu lugar na plataforma do *thymele*, no centro. O coro dança na parte da *orchestra* mais próxima do *logeion*.

Essas são as circunstâncias cênicas conhecidas. Soa o trompete, e a apresentação de *Antígona*, diante do público gigantesco reunido no grande anfiteatro para o seu mais importante festival religioso, está prestes a começar. No entanto, antes de examinarmos partes dessa representação dramática, precisamos ver o texto da *Antígona*, de Sófocles, que existia antes de o espetáculo começar, que controlava sua realização e que sobreviveu tanto à apresentação quanto ao teatro.

## *O texto*

O texto de *Antígona* contém 1492 versos compostos em métricas variadas.[1] No que se refere à ação, ele pode ser resumido para indicar sua forma essencial. Estas são, portanto, as divisões:

1 O original de Raymond Williams aponta 1353 linhas. Nesta edição, utilizamos a tradução feita diretamente do grego por Mário da Gama Kury, que contém 1492 linhas. v. Sófocles, *A trilogia tebana: Édipo Rei, Édipo em Colono, Antígona*; tradução do grego, introdução e notas de Mário da Gama Kury. Rio de Janeiro: Jorge Zahar Ed., 2006. 12ª ed. Todas as indicações das linhas se referem a essa tradução. [N.E.]

*Linhas* 1-111: PRÓLOGO (cena que precede a entrada do coro; originalmente um solilóquio narrativo, a cena se tornou uma combinação de solilóquio narrativo e diálogo, mas em Sófocles é sempre um diálogo).

*Antígona e Ismene, filhas de Édipo, irmãs de Etéocles e Polinices.* Antígona ressalta o destino trágico de sua família, apresentando a situação presente. Etéocles e Polinices estão mortos, um pela mão do outro; embora o exército invasor de Argos tenha se retirado de Tebas, Polinices, que o conduziu contra sua própria pólis, deve sofrer a indignidade de não ser sepultado. Essa é a ordem de Creonte, o rei. Antígona afirma que irá enterrar o irmão, ainda que a pena por desobediência seja a morte; Ismene não irá ajudá-la – é impossível dissuadi-la.

*Linhas* 112-83: PÁRODO (primeira canção de todo o coro; neste caso, como o de costume, a canção de abertura. Aqui, é dividida em duas estrofes e duas antístrofes; as antístrofes repetem os padrões métricos das estrofes. As linhas 177-83 têm uma métrica diferente, e *indicam* a entrada do personagem seguinte).

*Coro: os anciãos de Tebas.* O *coro* saúda o sol, o alvorecer e a manhã da vitória. O ataque do exército de Argos é narrado, e a vitoriosa defesa tebana ajudada por Zeus; depois, a morte idêntica dos irmãos rivais, Etéocles e Polinices. Agora, porém, a luta pode ser esquecida, e a pólis se regozijar. Creonte se aproxima, e os anciãos se juntam para encontrá-lo.

*Linhas* 184-384: EPISÓDIO I (primeira das cinco cenas centrais das ações em diálogo).

*Creonte e Coro* (ll. 184-255). Creonte lembra os anciãos da lealdade que tiveram; com a morte de Etéocles e Polinices, a realeza está unicamente nas mãos dele. Ele proclama seu decreto de que Polinices não seja enterrado nem velado, pois levara um exército invasor para destruir sua própria pólis. Os anciãos confirmam a lei, e juram preservá-la.

*Creonte, Guarda e Coro* (ll. 256-384). O guarda, colocado junto a outros para vigiar o corpo de Polinices, chega para anunciar que, ao amanhecer, o morto foi visto coberto de pó, como sinal de sepultamento. Os anciãos se perguntam se não teria sido obra dos deuses. Creonte repudia a possibilidade e ordena que o guarda, sob ameaça de morte, descubra "o autor desse sepultamento".

*Linhas* 385-434: ESTÁSIMO I (primeira das cinco odes cantadas pelo coro depois de assumir sua posição na orquestra).

O *coro* canta as façanhas do homem: ele atravessa o mar e cultiva a terra; impôs sua maestria sobre todas as outras criaturas. Aprendeu, também, o pensamento e a linguagem, e a forma de viver na pólis e sob as leis. Quebrar essas leis é ser expulso da sociedade humana e perder sua compaixão.

*Indicação* (ll. 428-34): Antígona entra, conduzida pelo guarda.

*Linhas* 435-713: EPISÓDIO II

*Coro, Guarda, Antígona* (ll. 435-506). O guarda flagrou Antígona enterrando o corpo de seu irmão. Antígona admite o ato; Creonte manda o guarda ir embora.

*Creonte, Antígona, Coro* (ll. 507-600). Creonte pergunta a Antígona se ela sabia da ordem contra o sepultamento de Polinices. Antígona responde que sabia, assim como todos, mas que se tratava de uma lei feita pelos homens, e que transgredia "as normas divinas, não escritas, inevitáveis" de que os mortos deveriam ser honrados. Por ser assim, ela está feliz por morrer, honrando o irmão morto. O coro compara sua obstinação à de seu pai, Édipo. Creonte a acusa de se orgulhar de seu crime, e ordena sua morte.

*Ismene, Creonte, Antígona, Coro* (ll. 601-61). Ismene entra e afirma que deve compartilhar da culpa de Antígona, que se opõe à proposta. Ismene pergunta a Creonte se ele matará a Antígona que se casaria com seu filho, Hêmon; Creonte responde que sua morte romperá o noivado. Antígona e Ismene são levadas para o palácio pelos guardas.

*Linhas* 662-713: ESTÁSIMO II

O *coro* canta a desgraça que paira sobre a família de Édipo; a maldição nunca falha. A vontade dos deuses é onipotente; contra esta, a dos homens é impotente.

*Indicação* (ll. 710-13) da aproximação de Hêmon, filho de Creonte, noivo de Antígona.

*Linhas* 714-882: EPISÓDIO III

*Hêmon, Creonte, Coro* (ll. 714-865). Hêmon afirma que a opinião geral é contra Creonte na punição de Antígona; Creonte reafirma furiosamente que ela deve morrer. Hêmon afirma que então morrerá com ela.

*Creonte, Coro* (ll. 866-81). Creonte anuncia a forma da morte de Antígona: ela deve ser enterrada viva numa caverna pedregosa, apenas com alimento suficiente para evitar a culpa por assassinato.

*Linhas* 882-902: ESTÁSIMO III

O *coro* canta o poder de conquista do amor e o conflito entre o amor de Hêmon por seu pai e por Antígona.

*Indicação* (ll. 898-902) da aproximação de Antígona, sendo levada para a morte. O *coro* é tomado por piedade.

*Linhas* 903-1050: EPISÓDIO IV

*Antígona, Coro* (ll. 903-78) – *KOMMOS*. Antígona ressalta sua solidão diante da morte e a consciência de que ela faz parte da maldição de sua família. O *coro* desperta sua memória para o fato de que o crime pelo qual ela será morta foi um ato voluntário, embora ela esteja pagando o preço do pecado de seu pai.

*Creonte, Antígona, Coro* (ll. 979-1050). Creonte entra e ordena o fim da lamúria. Antígona defende seu destino e é levada embora.

*Linhas* 1051-95: ESTÁSIMO IV

O *coro* canta outros que sofreram o destino de ser enterrados vivos, cuja sina lhes foi dada pelas Parcas, as fiandeiras lúgubres do destino.

*Linhas* 1096-1239: EPISÓDIO V

*Tirésias, Creonte, Coro* (ll. 1096-1211). Tirésias, o profeta cego, chega para alertar Creonte de que, com Polinices insepulto, a pólis está suja, e os deuses, furiosos. Creonte rejeita o alerta. Tirésias, então, profetiza que Creonte pagará a morte de Antígona com a morte de seu próprio filho.

*Creonte, Coro* (ll. 1212-39). O *coro* lembra Creonte de que Tirésias jamais profetizara falsamente. Por fim, Creonte volta atrás e ordena que Antígona seja salva, e Polinices, enterrado.

*Linhas* 1240-73: ESTÁSIMO V

O *coro* canta ao deus de muitos nomes (Dioniso) para que ele purifique a pólis e traga a dança e o júbilo.

*Linhas* 1274-1492: ÊXODO (literalmente, a canção de encerramento do *coro*: agora, toda a cena final, que no caso é complexa e crítica).

*Mensageiro, Coro* (ll. 1274-1304). O mensageiro traz as notícias de que Hêmon se matara na caverna pedregosa de Antígona.

*Eurídice, Mensageiro, Coro* (ll. 1305-84). Eurídice – mãe de Hêmon e esposa de Creonte – ouve as notícias e sai em silêncio.

O *coro* (ll. 1385-99) teme o significado do silêncio de Eurídice.

*Indicação* (ll. 1400-03) da aproximação de Creonte, carregando nos braços o corpo de Hêmon.

*Creonte* (ll. 1404-10) canta um lamento sobre o corpo de Hêmon: o *coro* (l. 1411) responde. Creonte reconhece sua insensatez.

O mensageiro (ll. 1419-21) entra para anunciar a Creonte que sua esposa, Eurídice, também morreu, de desgosto por Hêmon.

*Creonte* (ll. 1422-33) mais uma vez canta um lamento, por esposa e filho.

*Coro, Creonte, Mensageiro* (ll. 1434-81). O *coro* aponta para Creonte o corpo de Eurídice, agora exposto no palácio. Creonte assume toda a culpa, e pede para ser levado embora.

O *coro* (canção de encerramento, ll. 1485-92) canta a sabedoria e a reverência aos deuses. Um homem velho, ensinado pela adversidade, aprende a ser sábio tarde demais.

Este é o fim da peça escrita, e agora devemos nos voltar para a representação. É válido imaginar como os papéis foram distribuídos entre os três atores, embora possa haver incerteza. A distribuição que prefiro é: primeiro ator (protagonista) – Antígona e Eurídice; segundo ator (deuteragonista) – Ismene, Guarda, Hêmon, Tirésias, Mensageiro; terceiro ator (tritagonista) – Creonte. O desmembramento dos personagens, obviamente, era feito pela mudança de máscaras e, quando necessário, de voz.

*Linhas* 405-36

A primeira parte, que proponho examinar, da representação é aquela entre as linhas 405 e 436. Já conhecemos a situação neste ponto: Antígona pretende enterrar seu irmão em obediência à lei não escrita de reverência aos mortos; também sabemos da firmeza de Creonte em relação à ordem de que ele deve ser mantido insepulto, e do consentimento dos anciãos. Além disso, sabemos que houve uma tentativa parcial de enterrá-lo anteriormente.

Agora, a essência desse conflito depende do despertar dos sentimentos que motivaram tanto Antígona quanto Creonte em suas intenções totalmente incompatíveis. Creonte defendera a necessidade de punir um inimigo do Estado, e esse sentimento é posto em cena pelo hino do coro em louvor às façanhas do homem, com a ênfase final na santidade da lei. O coro está cantando, e, por meio da dança, representa a façanha humana. Isso, no espetáculo tal como se dava à época, é muito mais do que uma simples declaração. O próprio fato de isso vir de um coro, um grupo de homens movendo-se juntos e cantando em harmonia, representa parte de seu significado. Vamos ler a segunda estrofe e a antístrofe desse coro ao Homem:

> Soube aprender sozinho a usar a fala
> e o pensamento mais veloz que o vento
> e as leis que disciplinam a cidade
> e a proteger-se das nevascas gélidas,
> duras de suportar a céu aberto,
> e das adversas chuvas fustigantes;
> ocorrem-lhe recursos para tudo
> e nada o surpreende sem amparo;
> somente contra a morte clamará
> em vão por um socorro, embora saiba
> fugir até de males intratáveis.
>
> Sutil de certo modo na inventiva
> além do que seria de esperar,
> e na argúcia, que o desvia às vezes
> para a maldade, às vezes para o bem,

se é reverente às leis de sua terra
e segue sempre os rumos da justiça
jurada pelos deuses ele eleva
à máxima grandeza a sua pátria.
Nem pátria tem aquele que, ao contrário,
adere temerariamente ao mal;
jamais quem age assim seja acolhido
em minha casa e pense igual a mim!

O canto e a dança desse triunfo da ordem são extremamente poderosos, e chegam a um clímax intencional em que a intensidade das emoções é quase esmagadora. Afinal, os gestos do coro, enquanto canta os últimos versos, representam o contraste entre a forte fidelidade – "eleva à máxima grandeza a sua pátria" – e a fervorosa rejeição de seu oposto, a rejeição de um ser humano que transgride a lei humana. Quando o coro chega ao fim desses versos, instaura-se seu gesto coletivo de rejeição, de expulsão do transgressor; ele é exibido nas fileiras do coro, que mantém fixa a postura na qual termina o gesto de rejeição, o sinal estático e suspenso de expulsão.

Agora, neste ponto, o coro está na *orchestra*, voltado para o *logeion* vazio. A ode chegou ao seu clímax, cenicamente, na pose de expulsão. Depois, dentro do *logeion*, surge a figura de Antígona, carregada pelo guarda. A presença do guarda comprova imediatamente sua tentativa de sepultamento; deliberadamente, ela desobedeceu à lei. Mas há a máscara branca de Antígona, a máscara da tristeza; o corte do cabelo é curto, um sinal de seu luto. Assim, tanto o motivo quanto a consequência de seu ato estão, ao mesmo tempo, representados. De pé, ela é vigiada pelo guarda; e a máscara está fixa na expressão de tristeza e lamento. No entanto, contra essa figura lamentosa e isolada, os braços do coro ainda estão esticados em rejeição à transgressora das leis.

O corifeu dá um passo adiante, e suas mãos, cujo gesto é de rejeição, se transformam na indicação de Antígona, uma identificação:

Deixa-me pasmo este portento incrível!
Como negar, se a vejo, que esta moça

> é a própria Antígona? Ah? Desventurada
> e filha de desventurado pai
> – de Édipo! Que significa isso?
> Trazem-te por desprezo às leis reais,
> surpreendida em ato tresloucado?

Esses versos são entoados, em *parakataloge*, com o acompanhamento da flauta. É a transição, teatral, de toda a canção do coro de volta à fala. Enquanto entoa o corifeu, o resto do coro, atrás dele, imita seus movimentos angustiados de dúvida e pesar. "Desventurada e filha de desventurado pai": o elemento de destino no crime está ligado às emoções de lamento e rejeição da transgressora. O guarda conduz Antígona adiante; ela se move devagar, e cabisbaixa. O guarda fala, e completa-se o movimento da canção, passando pelo recitativo até chegar à fala:

> Aqui está a autora da façanha; há pouco
> pilhamo-la enterrando-o.

O fato, embora anunciado abruptamente, instaura, por assim dizer, todo o padrão. Tudo o que fora temido e pressagiado, todo o conflito entre os impulsos pessoais de reverência e a lei social, está agora determinado enquanto o rosto lamentoso de Antígona encara os anciãos que, horrorizados, a rejeitam.

Há poucas passagens em todo o teatro grego de que temos notícia que exemplifique tão claramente a função dramática dos recursos cênicos. A afirmação de Creonte da santidade da lei (que mais tarde, ironicamente, descreve sua própria falha) introduz a ideia; o hino do coro interpreta o sentimento. Além disso, uma vez que a poderosa rejeição social da transgressora é interpretada, encontrando seu objeto não premeditado (e falso, em última análise) na máscara lutuosa de Antígona, há uma concretização da emoção dramática. O coro é um grupo; é composto de muitos; e ela, a figura solitária, vigiada. Por conseguinte, na situação em cena, a intensidade do recitativo está ainda presente, aglutinando e representando as emoções relevantes. As máscaras dos homens velhos, a máscara do guarda, a máscara lutuosa de Antígona: tudo serve ao propósito de reforçar uma mesma ideia. Sófocles, trabalhando com as convenções conhecidas, escreveu as palavras para que fossem necessariamente interpretadas dessa maneira, e com esse fim. As palavras são toda a situação, pois guardam em si e incitam a materialização da ação.

*Linhas* 502-52

Para o exame de um aspecto diferente da representação, nós nos voltaremos agora para as linhas 502-52, nas quais podemos acompanhar detalhadamente uma passagem do diálogo encenado. A situação é como descrita anteriormente, com o acréscimo de que agora o guarda descrevera para Creonte como Antígona foi pega na tentativa de enterrar Polinices.

Creonte está no centro do *logeion*: atrás dele, há dois serviçais, mudos. O guarda, que trouxera Antígona, avançou na direção de Creonte enquanto descrevia a captura. Antígona está ao lado do guarda, de cabeça baixa.

CREONTE

Tu, então, que baixas o rosto para o chão,
confirmas a autoria desse feito, ou negas?

ANTÍGONA

Fui eu a autora; digo e nunca negaria.

Nesse diálogo de pergunta e resposta, Creonte aponta Antígona enquanto fala com ela. Ela ergue a cabeça e responde claramente, mas suas palavras são simples. A mão de Creonte continua levantada, apontando, em acusação. Essa posição é mantida por um momento: Creonte, usando uma máscara de governante ríspido, dedo em riste; Antígona, que olhava para baixo, agora ergueu a cabeça e expõe a máscara de lamento. Em seguida:

CREONTE

Já podes ir na direção que te aprouver.

O gesto de acusar Antígona torna-se um gesto de dispensar o guarda. Este, livre de suspeita, volta para trás e atravessa a porta direita do *paraskenion* por onde trouxe Antígona, que passa a ser a única acusada:

CREONTE
Agora, dize rápida e concisamente:
sabias que um edito proibia aquilo?

As palavras e as ações de Creonte, durante todo o seu questionamento, são ávidas e arrogantes. O repertório gestual é simples, seguindo as palavras: a acusação de Antígona, a dispensa do guarda, a nova acusação de Antígona. Antígona responde:

Sabia. Como ignoraria? Era notório.

Enquanto fala tais palavras, Antígona indica, em gesto, o coro ouvinte e o público além dele. Mas o centro logo se volta apenas para ela, a mão acusadora fixa:

CREONTE
E te atreveste a desobedecer às leis?

O gesto inclusivo de Antígona, certificando-se de que, com ela, todo o resto conhecia o edito, permanece na memória para reforçar o isolamento da personagem nesse momento. Tudo agora gira em torno dela, e ela caminha para frente para falar, longa e formalmente, em defesa própria:

ANTÍGONA
Mas Zeus não foi o arauto delas para mim,
nem essas leis são as ditadas entre os homens
pela Justiça, companheira de morada
dos deuses infernais; e não me pareceu
que tuas determinações tivessem força
para impor aos mortais até a obrigação
de transgredir normas divinas, não escritas,
inevitáveis: não é de hoje, não é de ontem,
é desde os tempos mais remotos que elas vigem,
sem que ninguém possa dizer quando surgiram.

E não seria por temer homem algum,
nem o mais arrogante, que me arriscaria
a ser punida pelos deuses por violá-las.
Eu já sabia que teria de morrer
(e como não?) antes até de o proclamares,
mas, se me leva a morte prematuramente,
digo que para mim só há vantagem nisso.
Assim, cercada de infortúnios como vivo,
a morte não seria então uma vantagem?
Por isso, prever o destino que me espera
é uma dor sem importância. Se tivesse
de consentir em que ao cadáver de um dos filhos
de minha mãe fosse negada a sepultura,
então eu sofreria, mas não sofro agora.
Se te pareço hoje insensata por agir
dessa maneira, é como se eu fosse acusada
de insensatez pelo maior dos insensatos.

Mais uma vez, nesse discurso declamado formalmente, o esquema de ação é claro. Antígona se aproxima da mão de Creonte, que a acusa. De uma só vez, em gesto e palavra, ela faz a distinção que, na verdade, é o cerne do conflito da peça. "Mas Zeus não foi [...]; nem [...] pela Justiça [...]; tuas determinações [...]": a acusação é devolvida enquanto ela aponta somente para Creonte. De novo, esse é o eixo principal da peça, pois à medida que se desenrola a ação, apenas esse isolamento de Creonte, que agira contra as leis dos deuses, é o que se torna significante: "normas divinas, não escritas, inevitáveis". O apelo a uma autoridade maior que Creonte é imediatamente reforçado: "é desde os tempos mais remotos que elas vigem, sem que ninguém possa dizer quando surgiram". É um padrão simples e bem bonito, de ação e palavras claras.

Antígona continua sua defesa: "Eu já sabia que teria de morrer [...] Assim, cercada de infortúnios como vivo...". A concentração nesse ponto é evidente: a máscara atormentada, lutuosa; os movimentos de lamúria e desespero. Mas agora acontece o movimento oposto, dentro do desespero: "Se tivesse de consentir em que ao cadáver de um dos filhos de minha mãe fosse negada a sepultura...". Essa é a alternativa intolerável, agora presente em palavras e ação. Contra *isso* "não sofro agora". Dessa forma, ela retorna mais uma vez para a contra-acusação: "é como se eu fosse acusada de insensatez pelo maior dos insensatos".

Acusação e contra-acusação; Antígona não é mais a figura calma, cabisbaixa; ao contrário, ela segue adiante, encara Creonte e, apelando a uma autoridade maior, aponta para ele acusatoriamente. Congela-se de novo o movimento; e os outros elementos entram. A luta entre Creonte e Antígona se transforma na luta entre Antígona e a lei dos homens. Além de Creonte, o coro dos anciãos, que tem fala nesse momento, está em cena:

> Evidencia-se a linhagem da donzela,
> indômita, de pai indômito; não cede
> nem no momento de enfrentar a adversidade.

O isolamento de Antígona é reiterado, embora tenha se tornado desafiador. Creonte, com o coro atrás de si, dá sua inevitável resposta:

> Fica sabendo que os espíritos mais duros
> dobram-se muitas vezes; o ferro mais sólido,
> endurecido e temperado pelo fogo,
> é o que se vê partir-se com maior frequência,
> despedaçando-se; sei de potros indóceis
> que são domados por um pequenino freio.

Ele lhe respondeu com uma asserção sem disfarces, representando poder; para enfatizar o poder, ele agora não fala somente para ela, mas de modo geral, e termina indicando a relativa insolência de Antígona:

> Ela já se atrevera, antes, a insolências
> ao transgredir as leis apregoadas; hoje,
> pela segunda vez, revela-se insolente:
> ufana-se do feito e mostra-se exultante!

A ação continua, mas nesse movimento se realizou o elemento decisivo da trama. Antígona não abaixa mais sua cabeça; ela está "cara a cara". Ainda que o coro tenha intervindo, devolveu a acusação a Creonte. Contra o abuso de poder, a moça, em lamúrias, pode agir com desenvoltura, parecendo até regozijar-se. A ação é intensamente dramática, plena de urgência, e o método é tão rico que cada emoção relevante não pode tão somente ser relatada, mas se faz ação. O padrão de fala e o padrão físico são um só, e, em sua unidade, concretiza-se o padrão da experiência dramática.

*Linhas* 874-976

Para ilustrar mais detalhadamente como o plano escrito da peça – e o padrão físico que ele controla – incorpora com admirável intensidade a verdadeira experiência dramática, analisaremos agora as linhas 874-976. Essa passagem também mostrará um tipo bem diferente de recurso dramático na relação entre o coro e os atores.

A passagem está no fim do Episódio III, em que a ação dominante foi o apelo de Hêmon ao seu pai para que revogasse a sentença de morte de Antígona, e a rejeição de Creonte ao seu apelo. O conflito explícito aqui, uma vez que a discussão entre pai e filho torna-se mais violenta, é entre a reverência que, como filho, Hêmon deve sentir por seu pai, e o amor que sente por Antígona, com a qual se casaria. Hêmon sai, furioso, deixando o pai com seus "dóceis amigos" que talvez aprovem sua loucura, e jurando que ele nunca mais o verá. O abandono e o juramento prenunciam o que está por vir, mas Creonte, deixado com o coro, volta-se para anunciar a maneira como Antígona morrerá:

> Levando-a por deserta estrada hei de enterrá-la
> numa caverna pedregosa, ainda viva,
> deixando-lhe tanto alimento quanto baste
> para evitar um sacrilégio; não desejo
> ver a cidade maculada. Lá, em prece
> ao deus dos mortos – único que ela venera –
> talvez obtenha a graça de não perecer,

ou finalmente aprenderá, embora tarde,
que cultuar os mortos é labor perdido.

Após pronunciar sua sentença Creonte recua no espaço de representação dando espaço para o coro avançar na *orchestra*, cantando uma simples estrofe e antístrofe:

Amor, invicto no combate, Amor
dissipador de todas as riquezas,
que após vaguear nos mares e em recônditos
esconderijos afinal repousas
no doce rosto das moças em flor!
Nenhum dos imortais pode evitar-te
nenhum dos homens de existência efêmera;
e perde logo o senso quem te encontra.
Até os justos forças à injustiça,
desnorteando-lhes o pensamento,
e levas a essas lutas pais e filhos.
Venceu o claro olhar da noiva bela,
inspirador desse desejo igual
às majestosas leis da natureza,
joguete de Afrodite irresistível.

Esse hino ao Amor é importante dramaticamente, embora muitos comentários sobre a peça, sem dúvida arrogantes, o considerem irrelevante. O mesmo comentário foi feito, de maneira ainda mais espantosa, sobre o grande hino das façanhas do homem no Estásimo I. Esses comentários mostram como, numa época dominada por atitudes naturalistas em relação ao teatro, as funções dramáticas de um coro desse tipo escapam ao olhar até de especialistas. Ou o coro faz um comentário explícito e proposital sobre a ação, ou então, supõe-se, a ode do coral é meramente um interlúdio, um pequeno trecho de canto e dança, talvez belo por si mesmo. Certamente, no declínio do drama trágico grego, as passagens do coro foram rebaixadas ao status de interlúdios. Mas num caso como este, a relevância dramática não deve ser interpretada tendo em vista um comentário sobre a "história" ou o "problema". Uma ode como esta é uma concretização dramática da estrutura de toda a peça. A questão sobre a irrelevância pode ser justificada considerando-se a função da ode como um comentário sobre a cena entre Hêmon e Creonte: o amor de Hêmon por Antígona ganhando relevância indispensável para seu pai – "levas a essas lutas pais e filhos". Contudo, se esta é a única coisa a ser dita sobre a questão, a função poderia ter sido interpretada por uma intervenção falada: um comentário no sentido mais simples. Entretanto, essa ode é cantada e dançada: quinze vozes cantando, quinze dançarinos, com gestos e movimentos, criando e representando seus sentimentos, o que não teria a mesma presença cênica se fosse um comentário incidental do tipo que um romancista faz sobre uma situação ou um personagem.

A ode, quando cantada e dançada, valendo-se do máximo de variações tonais e rítmicas, cria toda a tensão motriz entre amor e paz, amor e ordem, como uma emoção *presente*, tão real quanto qualquer ação. A força do amor contra a força da lei, o estímulo do amor, que contém em si o potencial da destruição e da loucura: esses elementos são parte essencial da estrutura de toda a *Antígona* – e não poderiam ser expressos em meros comentários ao longo dos diálogos. Como a dança do coro é mimética, e as palavras cantadas contêm uma intensidade emocional proposital, o conflito, na verdade, é encarnado, feito presente, feito para comover. É um conflito interpretado na ação, em Antígona e Hêmon; mas agora, nesse ponto de intensidade, é a peça como um todo que representa a luta. O medo do amor é interpretado, mas o medo só aparece quando a força, que é temida, é fisicamente apreendida. A dança do coro, seguindo as palavras cantadas, é um modelo físico da luta entre o amor e a contenção.

Na análise a seguir, ficará mais claro que se trata de um erro considerar a ode como um mero interlúdio. O coro cantou e está olhando na direção do *logeion* vazio. Antígona entra, vigiada, a caminho da morte. O corifeu a indica, e ouvimos seu recitativo:

> sinto que as leis também não me refreiam
> e não consigo reprimir as lágrimas
> ao vislumbrar Antígona marchando
> para esse leito onde se acaba tudo.

É uma enxurrada de sentimentos, súbita e dominante; uma libertação momentânea do prognóstico da lei e da culpa. Dramaticamente, é uma criação proposital de empatia e compaixão para com Antígona, o que serve como um reforço do conflito.

ANTÍGONA
Concidadãos de minha pátria, vede-me
seguindo o meu caminho derradeiro,
olhando o último clarão do sol [...],
[...] sem que alguém cante o himeneu por mim,
sem que na alcova nupcial me acolha
um hino; caso-me com o negro inferno.

Essa morte é o resultado do amor, de um amor que superou todo tipo de controle. Agora, todo esse padrão de sentimentos e emoções conflituosos em essência se intensifica à medida que, no subsequente *kommos* de setenta e cinco linhas, Antígona canta sua morte, e o coro, cantando em resposta, restabelece os argumentos de ordem.

CORO
inspiram piedade atos piedosos
mas o poder, para seus detentores,
não se sujeita a transgressão alguma;
perdeu-te a tua índole indomável.

ANTÍGONA
sem que me chorem, sem amigo algum,
sem cantos de himeneu sou arrastada
– pobre de mim – por sôfrego caminho!
para desgraça minha nunca mais
poderei ver a santa luz do sol!

A forma do *kommos*, o lamento cantado entre o protagonista e o coro, é o mais alto domínio da experiência trágica da morte incorporada pelo drama grego.

Não se trata meramente de um resumo da situação oferecido pela peça, nem uma descrição da situação, nem um processo de levar a ação até o fim. A estrutura da experiência é isolada e enfatizada, numa intensidade representada pelo canto. Toda a escrita gira em torno do que será posto em cena, e as vozes que cantam, as mãos que se movem, o padrão de movimento a céu aberto, sob o amplo auditório, são uma só coisa.

*Conclusão*

A questão colocada a respeito da canção do coro no Estásimo III também é válida para todas as canções da peça: o Estásimo II, com suas imagens de tempestade e fogo, narrando a destruição de um lar amaldiçoado; o Estásimo IV, quando Antígona vai ao encontro da morte, interpretando o horror de ser sepultada viva ao relembrar de outros que sofreram a mesma coisa, e narrando seus destinos; o Estásimo V, quando, depois da intervenção de Tirésias, Creonte finalmente se desdiz, e o coro dá início ao hino a Dioniso, a purificação, o júbilo da dança. Neste último caso, da canção ao deus em cuja honra a peça é representada, o coro interpreta um júbilo que precede imediatamente o clímax trágico; por contraste, este é afetado profundamente; um efeito semelhante ao do Estásimo I, quando a convocação ao júbilo na libertação da pólis dá sequência à cena em que Antígona deixara clara a situação trágica essencial. Quanto mais se olha para o texto da peça, mais se percebe que a estrutura simples, embora muito definida, foi claramente planejada no ato da escrita. Sendo assim, ao analisar a representação, vê-se que esse planejamento é continuamente representado tanto nas partes quanto no todo; o propósito da peça não é a narração, nem a descrição, nem a análise, mas sim a representação-encarnação de um tema. A estrutura de sentimento é a estrutura formal escrita, bem como a estrutura da trama posta em cena. O conflito e a solução não são uma história ou uma narrativa de coisas passadas; ao contrário, eles estão sempre presentes, em palavras e movimento.

É necessário ressaltar isso porque o leitor pode facilmente concluir que, quando Antígona é conduzida à morte, a peça basicamente acabou, ou que, pelo menos, chegou ao seu clímax. Mas o planejamento tem uma variação contínua de intensidades, e é quando Creonte compreende sua tragédia final que o verdadeiro clímax é alcançado. Creonte recusou o conselho de Tirésias, mas se submeteu, relutantemente, à ameaçadora profecia de que Hêmon também iria morrer. Ele se apressa para salvar Antígona e ordena que Polinices seja sepultado. O coro canta o hino a Dioniso, a desejada purificação, para que, finalmente, a pólis possa dançar. No entanto, entra o primeiro mensageiro com a notícia de que Hêmon morrera com Antígona; a mãe de Hêmon, Eurídice, ouve a notícia da morte do filho e sai silenciosamente para tirar a própria vida. Creonte entra novamente, carregando o corpo de Hêmon. A cena final – o segundo *kommos* da peça – tem uma tranquilidade proposital, quase esculpida. Creonte posiciona-se, com o corpo de Hêmon nos braços, e não mais fala, mas canta seu lamento:

> Vede, mortais, o matador e o morto, do mesmo sangue!

O coro comenta e ele responde (o mais provável é que ambos tenham usado o registro recitativo), quando as notícias da morte de Eurídice são trazidas do palácio. A porta central na *skene* se abre, e o corpo de Eurídice é visto, descansando na morte. O coro indica Eurídice:

> Ei-la presente; já deixou sua morada.

Creonte, ainda parado, canta de novo seu lamento:

> Contemplo neste instante outra calamidade –
> é a segunda, pobre de mim! Qual o destino – qual! –
> que inda me espera?

Enquanto Creonte mantém sua posição, o mensageiro, incisivamente, acrescenta os detalhes da morte de Eurídice; e Creonte, completamente abalado, pede para ser levado embora:

> Levai-me imediatamente, escravos,
> para bem longe, pois não sou mais nada!

[...] Venha! Aconteça a última das mortes
– a minha – e traga o meu dia final [...]
pois não quero viver nem mais um dia! [...]
Tudo perdi contigo, que ora sinto
em minhas mãos, e com nova desgraça
inda mais dura esmaga-me o destino!

A escrita torna inevitável o apelo desesperado, que traz o desfecho:

Venha! [...]
pois não quero viver nem mais um dia!

Ainda carregando o corpo de Hêmon, movendo-se lentamente sob o domínio da opressão, cabisbaixo, do destino que o esmaga, Creonte é levado junto ao corpo de sua esposa e, lentamente, a porta central do palácio se fecha.

O *logeion* está vazio de novo, e o coro permanece na *orchestra*. O flautista desce do *thymele*, e à medida que o coro se vira, o flautista assume seu lugar na dianteira, junto aos membros. Eles se movem lentamente em direção ao *parodos* esquerdo, as fileiras de figurantes, mascaradas como homens velhos. Enquanto passam, cantam com o acompanhamento da flauta:

Destaca-se a prudência sobremodo
como a primeira condição
para a felicidade. Não se deve
ofender aos deuses em nada.
A desmedida empáfia nas palavras
reverte em desmedidos golpes
contra os soberbos que, já na velhice,
aprendem afinal prudência.

O coro desaparece do campo de visão; a *orchestra* está vazia; a peça chega ao fim.

## 3. Drama medieval inglês

*The Three Maries* (c. 1300); *Abraham, Melchisedec and Isaac* (c. 1327); *Secunda Pastorum* (c. 1475); *Everyman* (c. 1495)

O teatro medieval inglês tem várias características exclusivas importantes para o estudo da cena; contudo, a vigência das formas medievais de teatro durante quase quatro séculos e as variações de espaço de representação tornam necessário ilustrar essas características pela consideração dos elementos de diversas peças, em vez de uma única obra.

### *The Three Maries*

A cena que aqui chamamos de *The Three Maries* [As três Marias] é parte de uma trilogia, a *Great Cornish trilogy*. As três partes principais são *Origo Mundi*, *Passio Domini* e *Resurrexio Domini*, e a ação se estende da Criação até a Ascensão de Cristo aos Céus. Muitas obras semelhantes existiram na literatura francesa e anglo-normanda, e há exemplos importantes ainda mais antigos no latim medieval. Cada parte da trilogia ocupava um de três dias consecutivos de espetáculo, e era apresentada diante de um público formado pela população rural dos arredores. A *Origo Mundi* contém 2824 linhas; a *Passio Domini*,

3216; e a *Resurrexio Domini*, 2630. O episódio *The Three Maries* abrange a *Quem Quaeritis* (ll. 679-834) e a *Hortulanus* (ll. 835-92) da *Resurrexio Domini*, que era representada no terceiro dia. O espaço cênico era conhecido como *plen an gwary* (é comum ver referências posteriores às peças como *Guary Miracles* ou *Guirremears*[2]). Tratava-se de uma grande arena circular, ou *arredondada*, cujo diâmetro podia variar de 4 a 36 metros, aproximadamente. Uma arquibancada de terra e, em alguns lugares, fileiras de assentos de pedra rodeavam o círculo; ali se sentavam os espectadores. No centro da arena havia um espaço circular de encenação, conhecido como *platea*, posteriormente como *playne*. (Costuma-se traduzir *platea* por "palco", porém, no período em questão, o espaço aberto é que deve ser levado em conta.) Ao redor do *platea* havia uma roda de oito *pulpita*, ou *tenti*, que representavam determinados pontos fixos na ação de cada dia.

No dia da *Resurrexio Domini*, os oito *pulpita* representam *Céu*, *Carrasco*, *Inferno*, *Pilatos*, *Imperador*, *José*, *Nicodemos* e *Soldados*. Cada lugar era definido claramente, ou por uma representação simbólica, no caso do céu e do inferno (uma estrutura mais alta ou suspensa para o céu, uma boca de dragão para o inferno), ou, em outros casos, pela associação a personagens específicos. Num sentido limitado e pré-teatral da palavra, podemos chamá-los de *palcos* – isto é, os lugares onde se desenrolava a ação; mais tarde, passaram a ser chamados de *tablados* e *recintos* [*rooms*]. Durante o espetáculo, os personagens se apresentavam em um desses *pulpita*, quando a ação era relevante, ou se movendo pelo *platea* aberto, enquanto outros elementos de representação (a cruz, o sepulcro) eram montados no decorrer da ação. O *Resurrexio Domini* inclui cenas da libertação de José e Nicodemos, representadas em seus respectivos *pulpita*; da Vitória de Cristo sobre o Inferno, representada no *Inferno*; do cenário de vigilância no sepulcro, montado no *platea*, provavelmente entre o *Céu* e o *Inferno*; da ascensão do sepulcro; da chegada das três Marias para encontrar a pedra removida e Cristo ressuscitado; de Maria Madalena encontrando Cristo no jardim ao lado, representada no *platea*; de seu relato aos apóstolos, a des-

2 *Guary Miracles* eram peças semelhantes às que no teatro medieval ibérico se chamavam Milagres. *Guirremears* correspondiam no teatro medieval latino e ibérico aos Mistérios. [N.E.]

crença de Tomé e a aparição de Cristo aos viajantes que se dirigiam para Emaús, todas representadas no *platea*; da morte de Pilatos, representada em seu *pulpita* respectivo; e, por fim, a Ascensão, quando Cristo subiria do *platea* para o *Céu*.

A concepção básica de todo o ciclo é a *trajetória* que vai da Criação até a Ascensão, passando pela Paixão e Ressurreição. Essa trajetória se desenvolve em uma combinação de espaços definidos, em que o lugar onde se passa a trama é determinado ou pela representação simbólica ou pela associação com um personagem, e, no espaço cênico aberto e neutro, por meio de palavras e das próprias ações. As cenas, cada uma representada em um espaço específico, seguem a ordem dessa trajetória; e a ação dramática, em seus momentos de clímax, é o que concretiza frente ao público o desenvolvimento da trama.

No episódio ao qual estamos chamando de *The Three Maries*, os personagens são Maria Madalena, Maria mãe de Tiago e Maria Salomé, com dois anjos, e o jardineiro, que é Cristo ressuscitado. As mulheres reúnem-se na tumba e lamentam, e os anjos aparecem diante delas para anunciar a ressurreição. Maria Madalena é deixada na tumba, sozinha, e depois vai até o jardim onde encontra o jardineiro que a ela se revela como Jesus. O padrão formal desse lamento na tumba é muito bonito. As três mulheres falam alternadamente, e juntas cantam um lamento. No trecho a seguir, movem-se pelo *platea*, na direção do sepulcro:

MARIA SALOMÉ: E a dor está comigo;
Que o Senhor veja meu estado
Por Sua causa.
Sendo ele o líder soberano
Acredito que hoje, de sua tumba
Ele ressuscitará.

MARIA MADALENA: Oh, nos apressemos de uma vez
Pois a pedra foi erguida
Do túmulo.
Senhor, como será esta noite
Se não sei para onde vai
O líder da realeza?

MARIA, MÃE DE TIAGO:
E já esperamos muito tempo,
Decerto meu Senhor saiu da tumba
E seu caminho seguiu.
Ai de meu coração que está doente;
Não sei de fato se o verei
Ele que é o próprio Deus.[3]

O elemento de ligação das falas pode ser percebido nos estágios de aproximação da tumba: *Acredito que* [...] *ele ressuscitará*; *nos apressemos* [...] *pois a pedra foi erguida*; *e já esperamos muito tempo* [...] *e seu caminho seguiu*. Mas a trama também é definida pelas três vozes, o que aparece frequentemente no drama medieval e que agora se repete na própria cena da tumba. As três mulheres cantam juntas:

Ah, em prantos canto, em prantos clamo
Nosso Senhor é a morte que a todos nós redimiu.

MARIA MADALENA: Ai de mim! É com pesares
Que meu bom Senhor está morto
E crucificado.
Suportou sem reclamar
Muita dor em seu precioso corpo
Em nome de todos.

MARIA, MÃE DE TIAGO: Não consigo ver o Seu vulto em lugar nenhum;
Ai de mim!

3 ["MARY SALOME: So with me is sorrow;/ May the Lord see my state/ After him./ As he is head of sovereignty/ I believe that out of the tomb/ Today he will rise.// MARY MAGDALEN: Oh let us hasten at once,/ For the stone is raised/ From the tomb./ Lord, how will it be this night,/ If I know not where goes/ The head of royalty?// MARY, MOTHER OF JAMES: And too long we have stayed,/ My Lord is gone his way/ Out of die tomb, surely./ Alas, my heart is sick;/ I know not indeed if I shall see him/ Who is very God", N.E., tradução livre e literal.]

Adoraria falar com ele
Se fosse essa Sua vontade,
Muito seriamente.

MARIA SALOMÉ: Em meu coração existe sempre
Uma saudade viva,
E também dor.
Ai de mim, Senhor Jesus,
Pois Tu és cheio de virtude,
Todo-poderoso.

Ai, em prantos canto, em prantos clamo,
Nosso Senhor é a morte que a todos redimiu.[4]

Temos aqui uma ação dramática que sequer seria considerada ação segundo algumas definições modernas: o padrão rítmico da fala, que pode alternar momentos de tranquilidade e intensidade, revela a estrutura de sentimento que está na ação, isto é, a ação se dá nas palavras.

Estes são dois dos importantes elementos da cena nesse tipo de peça sobre a ressurreição: a trama ligada aos espaços que o público conhece e pode reconhecer, que vem da liturgia da procissão, embora com mudanças radicais; e a trajetória que culmina na *celebração*, quando se chega ao lugar destinado a ela. Há ainda um terceiro elemento num tipo de ação que talvez nos seja mais familiar: o encontro dos personagens. Maria Madalena é deixada a sós e, depois de falar, volta para o *platea* onde encontra Jesus disfarçado de jardineiro (o espaço cênico do jardim é, obviamente, criado apenas pela caracterização do jardineiro):

4 ["Alas, mourning I sing, mourning I call/ Our Lord is dead that bought us all.// MARY MAGDALEN: Alas it is through sorrows/ My sweet Lord is dead/ Who was crucified./ He bore without complaining/ Much pain on his dear body/ For the people of the world.// MARY, MOTHER OF JAMES: I cannot see the form/ Of him on any side;/ Alas, woe is me./ I would like to speak with him/ If it were his will,/ Very seriously.// MARY SALOME: There is to me sharp longing/ In my heart always,/ And sorrow./ Alas, my Lord Jesus,/ For thou art full of virtue,/ All mighty.//Alas, mourning I sing, mourning I call,/ Our Lord is dead that bought us all."]

JARDINEIRO: Oh, mulher aflita, aonde tu vais?
Tu oras com pesar, tu gritas.
Não chores nem grites. Com tuas duas tranças
Tu secaste os pés
daquele a quem procuras.

MARIA MADALENA: Santo Deus, se tiveste a chance de ver
Cristo, meu salvador, onde verdadeiramente está?
Para vê-lo, dou-lhe minha mão;
Jesus, filho da graça, ouve meu desejo.

JARDINEIRO: Oh, Maria, pois sei que, neste mundo,
tu és uma parte do sangue dele.
Se pudesses vê-lo diante de ti
conseguirias reconhecê-lo?

MARIA MADALENA: Sim, conheço a forma
do filho de Maria chamado Jesus;
Como não o vejo em lugar nenhum
Sinto-me triste, do contrário não entoaria meu lamento!

JARDINEIRO: Maria, vê minhas cinco chagas
Tem fé em minha ressurreição
A ti agradeço por teu desejo.
Júbilo na terra decerto haverá.

MARIA MADALENA: Oh, meu Senhor, tu que estiveste na cruz
Para mim nenhum júbilo há. Para beijar tua mão
Eu implorar-te-ia
Permite-me agora
Beijar uma vez teus pés.

JARDINEIRO: Oh, mulher aflita, não chegues tão perto
Não será conveniente nem sequer um benefício
Não é a hora.
Até que eu vá aos céus para meu Pai
E retorne à minha terra
Para contigo falar.

MARIA MADALENA: Cristo, ouve minha voz, diz-me a hora...[5]

O padrão das falas é bem claro e simples: assim como em cenas anteriores, seu equilíbrio chama a atenção. A novidade é que essa é uma fala encenada entre pessoas, e basta ouvi-las para perceber como elas contêm a ação, cristalizando um padrão gestual e de movimento nos dois lados. *Aonde tu vais?* [...]; *onde verdadeiramente está?*; *ouve meu desejo* [...]; *Oh, Maria* [...] *diante de ti* [...]; *Como não o vejo em lugar nenhum* [...] *Maria, vê minhas cinco chagas* [...] *Eu implorar-te-ia*; *Beijar uma vez teus pés* [...]; *não chegues tão perto*; *Até que eu vá aos céus, para meu Pai.* Essas são as principais frases do encontro concreto; além de darem conta da trama, as falas do diálogo formam uma composição física que corresponde a tudo que é dito.

5 ["GARDENER: O woeful woman . where goest thou?/ For grief thou prayest . cry out thou dost./ Weep not nor shriek . he whom thou seekest/ Thou didst dry his feet . with thy two plaits.// MARY MAGDALEN: Good Lord . if thou hast chanced to see/ Christ my saviour . where is he truly?/ To see him . I give thee my hand;/ Jesus, son of grace . hear my desire.// GARDENER: O Mary . as I know thee to be/ Within this world . one of his blood/ If thou shouldst see him . before thee/ Couldst thou . know him?// Mary Magdalen: Well I do know . the form/ Of the son of Mary . named Jesus;/ Since I see him not . in any place/ I feel sorrow . else would I not sing alas!// GARDENER: Mary see . my five wounds/ Believe me truly . to be risen/ To thee I give thanks . for try desire./ Joy in the land . there shall be truly// MARY MAGDALEN: O dear Lord . who wast on the cross tree/ To me it becomes not . to kiss thy hand/ I would pray thee . let me dare/ Now to kiss . once thy feet// GARDENER: O woeful woman . touch me not near/ No it will not serve . nor be for gain/ The time is not come./ Until I go . to heaven to my Father/ And I will return . again to my country/ To speak with thee// MARY MAGDALEN: Christ, hear my voice . say the hour..."]

A revelação de Cristo – *Maria, vê* – tem uma intensidade simples e clara, um verdadeiro clímax cujo suporte é dado pelo ritmo (marcado pelos pontos intercalados nas falas. v. nota 5). Os padrões são simples: a concretização de uma fé conhecida; dentro da simplicidade, o que encontramos não pode ser entendido como uma forma primitiva de drama, deve-se ver apenas uma outra espécie de desenvolvimento. Assim como antes, no desenvolvimento do ritual grego para uma forma nova e distinta de teatro, os elementos e as convenções do que antes, na Igreja, era uma procissão litúrgica, se transformaram no decorrer dos séculos numa nova forma dramática, independente e autossuficiente.

### *Abraham, Melchisedec and Isaac*, e *Secunda Pastorum* (*miracle plays*)

As *cornish miracle plays* dependiam, para sua representação, de uma série de *estações* dentro de um único lugar, o *plen an gwary*. A forma das peças é análoga, pois são basicamente ciclos contínuos, um movimento de lugar a lugar dentro do círculo, segundo as exigências da trama. Em muitas outras partes da Inglaterra, nos séculos XIV e XV, as peças também eram organizadas como ciclos. Muitas dessas *miracle plays* e quase todos os interlúdios e as moralidades eram representados num local cênico fixo no qual determinadas *estações* ou *sedes* eram marcadas por um tipo de tablado ou outras estruturas fixas, seguindo o mesmo princípio das *cornish trilogies*, e certamente da maioria das representações semelhantes no resto da Europa.

A combinação dessas representações com a forma das grandes procissões dos festivais religiosos resultou numa nova forma de levar o drama à cena. No dia de Pentecostes, e especialmente no dia de Corpus Christi, peças de um ciclo religioso eram distribuídas a cada uma das guildas profissionais: por exemplo, *The Fall of Lucifer* [A queda de Lúcifer] aos curtidores; *The Last Supper* [A Última Ceia] aos padeiros; *The Day of Judgement* [O dia do julgamento] aos tecelões. Depois disso, cada guilda montava sua própria peça numa *pagina*, ou *pageant*, descrito por testemunhas oculares como "um lugar alto, como se fosse uma casa com cômodos sobre seis rodas, aberto no topo: o cômodo de baixo era usado para a troca de roupa e de figurinos, e, no cômodo de cima, eles atuavam". É difícil imaginar essa estrutura. Talvez seja melhor pensá-la como um palco móvel. É provável que esses palcos fossem levados junto com a procissão (há indícios disso), parando pela cidade em vários lugares, onde a representação se repetia. Ou, em outros casos, o provável é que houvesse uma série de *pageants*, e os atores se deslocassem de um a outro. No dia do festival, as apresentações deviam começar pela manhã, quando a primeira peça do ciclo era representada num *pageant* na primeira de várias estações conhecidas nas ruas. Em cada tipo de encenação, o lugar na frente do *pageant* – geralmente uma praça ou uma via pública – também seria usado durante trechos importantes da ação. Em York, parece ter havido umas dezesseis estações; em Coventry, somente umas quatro.

Podemos examinar brevemente a cena do sacrifício de Isaac da peça *Abraham, Melchisedec and Isaac*, que é o quarto dos vinte e cinco *pageants* apresentados em Chester, com os barbeiros e fabricantes de vela em cena. O trecho era representado em uma segunda-feira de Pentecostes, junto com outros oito *pageants*; no dia seguinte, mais nove, e no terceiro, sete. Diante dos portões de Abbey está essa primeira estação; algumas plataformas são montadas para acomodar os espectadores, que circundam o *pageant* nos três lados.

O MENSAGEIRO aparece no *pageant*:

Que toda a paz, senhores, esteja presente;
ouçam agora com boa intenção,
Como foi Noé, para longe de nós,
Com toda sua tripulação [...][6]

(imediatamente antes desse, vinha o *pageant* de Noé e o Dilúvio, que agora se encontrava na segunda estação – na grande cruz diante da Prefeitura)

6 ["All peace, Lordings, that be present,/ And hearken now with good intent,/ How Noah away from us he went/ With all his company ... "]

[...] E Abraão, com a graça de Deus,
Chegou neste lugar
E vocês lhe darão um espaço
Para que conte sua história
Em verdade dará ele início a esta peça
Em nome da Trindade
Para que todos possam ver e ouvir
O que hoje há de ser feito.[7]

O Mensageiro sai e entra Abraão na frente do *pageant*. As primeiras cenas se passam entre Abraão e Ló, depois entre Abraão e Melquisedeque; o Expositor comenta sobre o presente de Melquisedeque para Abraão, que ele vê como o Novo Testamento e o sacramento da comunhão. Em seguida, Deus, no *pageant*, aparece para Abraão e ordena que sacrifique Isaac. Isaac entra:

ABRAÃO: Prepara-te, meu caro,
Pois precisamos fazer uma coisa,
Não devemos suportar por muito tempo
Esta lenha que trazes sobre tuas costas.
Espada e fogo levarei,
Pois um sacrifício devo fazer;
Às ordens de Deus não desobedecerei
Pois sempre obediente serei.

ISAAC: Pai, estou de todo pronto
Para humildemente seguir tuas ordens;
Sinto-me moralmente obrigado a carregar esta lenha
enquanto sigo teu comando.

7 [" ... And Abraham, through God's grace/ He is come forth into this place/ And you will give him room and space/ To tell you his storye./ This play forsooth begin shall he/ In worship of the Trinity/ That you may all hear and see/ What shall be done today."]

ABRAÃO: [...] Agora Isaac, meu filho, sigamos nosso caminho
À montanha longínqua, se possível for.[8]

A subida até a montanha é encenada pelo deslocamento dos atores do espaço aberto para cima do próprio *pageant*; lá é representada a cena seguinte, composta de 165 linhas. Abraão amarra Isaac para o sacrifício, e depois:

ABRAÃO: Senhor, cumpriria vossa vontade de bom grado.
Este jovem inocente que continua tão calmo
Eu mataria relutantemente
De qualquer maneira fosse.

ISAAC: Meu querido pai, eu vos imploro,
Deixai que tire minhas roupas
Para que hoje não as manche de sangue
Em meu derradeiro fim.

ABRAÃO: Ainda que meu coração se rompesse em três partes
Jamais permitiria
Que me comandasse novamente.
Meu Deus, não devo lamentar.

ISAAC: Piedade, pai! Por que demorais tanto?
Cortai fora minha cabeça e deixai-me ir!
Eu vos imploro, livrai-me dessa angústia!
Por ora me despeço.

8 ["ABRAHAM: Make thee ready, my darling,/ For we must do a little thing./ This wood upon thy back thou bring,/ We must not long abide./ A sword and fire I will take,/ For sacrifice I must make;/ God's bidding will I not forsake/ But aye obedient be.// ISAAC: Father, I am all ready/ To do your bidding meekly,/ To bear this wood full bound am I/ As you command me.// ABRAHAM: ... Now Isaac, son, go we our way/ To yonder mountain, if that we may."]

ABRAÃO: Ah, filho, meu coração romper-se-á em três
Ao te ouvir pronunciar tais palavras
Jesus, tem piedade de mim
Tu, a quem sempre levo na alma.

ISAAC: Agora, pai, vejo que devo morrer.
Deus, Majestade Todo-Poderosa,
A vós ofereço minha alma.
Sede gentil com ela.[9]

Abraão ergue a espada acima do corpo estático de Isaac, mas dois anjos aparecem sobre ele, e um deles pega a ponta da espada e a segura. Evita-se o sacrifício, e a oferenda é substituída por um carneiro. Então, Deus aparece mais uma vez para Abraão e o louva. O Expositor entra em seguida e interpreta o significado do evento como um exemplo do sacrifício de Deus de Seu próprio filho, Jesus, na cruz.

Essa *miracle play* é dramaticamente bem simples, mas a fala entre Abraão e Isaac mostra a capacidade desse drama de se concentrar, quando se chega a determinado ponto da ação, numa modulação de sentimento, expresso por meio de um padrão rítmico de fala dramática. Acredito que, de todos os elementos do drama medieval, essa capacidade de concentração é o mais importante. A representação visual também teria um efeito muito importante: a aparição de Deus Pai, em sua tradicional vestimenta de couro branco, e talvez mascarado (como acontecia às vezes); a aparição súbita dos anjos, também vestidos de branco e de

9 ["ABRAHAM: Lord, I would fain work thy will./ This young innocent that lies so still/ Full loth were I him to kill/ By any manner of way.// ISAAC: My dear father, I you pray,/ Let me take my clothes away/ For shedding blood on them today/ At my last ending.// ABRAHAM: Heart, if thou wouldst break in three,/ Thou shalt never master me/ I will no longer let for thee,/ My God I may not grieve.// ISAAC: Ah mercy, father! why tarry you so?/ Smite off my head, and let me go!/ I pray you, rid me of my woe!/ For now I take my leave.// ABRAHAM: Ah son, my heart will break in three/ To hear thee speak such words to me./ Jesus, on me thou have pity/ That I have most in mind.// ISAAC: Now, father, I see that I shall die./ Almighty God in majesty/ My soul I offer unto thee./ Lord, to it be kind."]

asas abertas, e o braço estendido a segurar a espada. A intensidade da representação física das figuras e imagens conhecidas da fé é clara e relaciona-se diretamente às crenças da plateia. Todo o tema desse teatro é, basicamente, a *celebração*.

À medida que esse teatro se desenvolveu, elementos do que hoje seria chamado de realismo começaram a aparecer: cenas retiradas diretamente da vida cotidiana da época, combinadas à celebração de conhecidas cenas religiosas. O exemplo mais notável desse desenvolvimento é a famosa *Secunda Pastorum* (o Segundo *Pageant* dos Pastores) do ciclo de Towneley, que tinha ligações com a vizinhança de Wakefield. Gostaria de fazer um único comentário sobre essa peça, uma observação sobre sua representação que nos permitirá perceber sua estrutura de modo mais claro. A *Secunda Pastorum* deve ter sido encenada no *pagina* móvel, mas acredito ser mais provável que se trate de um "espetáculo fixo". Em todo caso, no entanto, há um elemento de sua estrutura que só pode ser percebido por completo quando se leva em conta a peça representada. O ato religioso da peça é o chamado dos Pastores a Belém e a adoração do menino Jesus. Junto com isso há o roubo de um carneiro: Mac, um ladrão notório, pega um "carneiro gordo e castrado" do rebanho dos pastores. Para esconder o furto, sua esposa leva o animal para sua cama e finge tratar-se de seu filho recém-nascido.

O tratamento dessa parte é notável pelo vigor, o que rendeu à peça muitos elogios. Alguns escritores, na verdade, interpretam o episódio como "o início do verdadeiro sentido dramático" – comentário baseado nas hipóteses modernas de que o drama é, em sua essência, a representação realista de personagens cotidianos. O realismo existe, mas se pensarmos na representação da peça, vemos o mesmo elemento básico do modelo que já fora descrito. Os pastores entram procurando o carneiro castrado, e a esposa de Mac suspira com o animal escondido atrás de si. Ao oferecer um presente para a criança, a fraude é descoberta:

> Se a criança não chora, aquela pequena estrela do dia,
> Com tua licença, Mac, deixa-me dar à tua criança
> Nada mais que esta moeda.[10]

10 ["The child will not grieve, that little day starn./ Mac, with your leave, let me give your bairn/ But Sixpence."]

A cena dos três pastores oferecendo um presente à mãe da criança não é só mais um elemento nesse episódio, e sim algo relacionado diretamente com a oferta posterior, no estábulo:

> Saudações, pequena faxineira!
> Tu és a colheita de nossa crença.
> De tua taça beberia
> Pequena estrela do dia.[11]

Na cena, a repetição do padrão e a oferta seriam evidentes; parece claro que o lugar onde se encontra a esposa de Mac com a ovelha é idêntico àquele onde a Virgem cuida do menino Jesus. Como em qualquer dos dramas medievais, a ação cria lugar e clima, e a novidade é a consecução de um novo interesse dramático pela repetição e pela variação do padrão habitual. O realismo dos pastores é definido por um padrão geral ao qual acabam por se referir.

## *Everyman*

Agora podemos considerar brevemente a representação de um tipo diferente e tardio do teatro medieval, o *Summoning of Everyman* [Chamado do Homem Comum], o que hoje chamamos de *moralidade*. A mudança do método dramático está no fato de os personagens representarem abstrações – *Força, Beleza, Conhecimento* – em vez de nomes da história cristã. *Everyman* é uma peça em verso com cerca de novecentas linhas; é introduzida por um Mensageiro, e seu significado é explicado por um Doutor. A ação é o chamado do Homem Comum pela Morte, mensageira de Deus, e o teste por parte do Homem Comum do valor de uma série de qualidades; é nesse momento final que elas aparecem.

Os elementos essenciais para a representação da peça são um *platea* – ou um espaço cênico aberto – como o das *cornish trilogies*, embora não necessaria-

11 ["Hail, little tiny mop,/ Of our creed thou art the crop!/ I would drink in thy cup,/ Little day starn."]

mente circular; no centro dele, um tablado de dois andares, sendo o primeiro um espaço coberto e o mais alto aberto no topo – esse tablado é a "Casa da Salvação". O espaço mais baixo e coberto representa o sepulcro; o mais alto é o céu. Uma escada estende-se entre os dois andares. A ação começa no tablado e nele termina; a ação intermediária acontece principalmente no espaço cênico aberto, onde estão localizadas pelo menos duas outras *sedes* dramáticas – para os *Bens* e as *Boas Ações* –, provavelmente uma em frente à outra, e a alguns metros em frente ao tablado. A plateia circunda o espaço cênico nos três lados.

O mensageiro começa, falando em frente ao *platea*:

> Peço a todos vossa atenção
> E ouvi este assunto com reverência,
> Que tem por símbolo uma peça moral [...]
> Pois nosso Rei Celestial vos irá falar
> Sobre como chamou ao Homem Comum para contas ajustar:
> Atenção, e ouvi o que Ele diz afinal.[12]

Ele está indicando o espaço superior do tablado, onde surge Deus:

> Percebo aqui em minha majestade
> Como rudes a mim todas as criaturas são
> Vivendo sem medo em mundana prosperidade:
> Tão cegas as pessoas para incorpórea visão.[13]

Toda a fala gira em torno da repetição de *I perceive... I see*; é Deus olhando para fora de seu posto elevado e julgando os pecados do mundo lá embaixo. Por fim, ele convoca a Morte, que sai do espaço mais baixo e chega até ele. A figura de

12 ["I pray you all give your audience/ And hear this matter with reverence,/ By figure a moral play .../ For ye shall hear, how our Heaven King/ Calleth Everyman to a general reckoning:/ Give audience, and hear what he doth say."]

13 ["I perceive here in my majesty/ How that all creatures be to me unkind/ Living without dread in worldly prosperity:/ Of ghostly sight the people be so blind."]

Deus é a imagem tradicional – vestimenta de couro branco e cabeça mascarada; a figura da Morte é negra, vestindo uma máscara de caveira. Deus ordena que a Morte vá buscar Homem Comum, ao que a Morte responde:

> Senhor, irei ao mundo pisotear a todos...[14]

(indicando o *platea* e a audiência embaixo), e depois:

> Vede, avisto ao longe Homem Comum a se aproximar...[15]

(Homem Comum já entrou no *platea*, vindo da direção da audiência, e agora a Morte desce para o recinto de baixo e depois surge para confrontar Homem Comum):

> Homem Comum, alto lá! Aonde vais
> tão alegremente?[16]

O padrão e o efeito dramático imediato dessa ação (reforçado pela criação física do Céu, do Sepulcro e do Mundo – os recintos de cima, de baixo e o *platea*, respectivamente) é claro e intenso. Homem Comum é confrontado pela morte:

> Oh morte, viestes quando eu menos esperava.[17]

Quando a Morte o convence de que o chamado é inevitável, ele olha para a parte de cima do tablado num ponto para o qual seu olhar ainda não tinha se direcionado; dirige então a palavra a Deus, que está lá, parado, olhando para baixo:

14 ["Lord, I will in the world go run over all..."]

15 ["Lo, yonder I see Everyman walking..."]

16 ["Everyman, stand still; whither art thou going Thus gaily?"]



17 ["O Death, thou comest when I had thee least in mind."]

Oh, Deus gracioso, em vosso elevado trono celeste,
Tende piedade de mim nesta suprema necessidade.
Será que não terei a me conduzir neste vale terrestre
Nenhuma companhia de minha familiaridade?[18]

Se a peça é lida sem levar em consideração as circunstâncias cênicas, uma fala desse tipo (como as falas anteriores de Deus e da Morte) talvez pareça um apelo abstrato sem nenhum traço dramático perceptível. No entanto, ela é escrita para a percepção dramática que descrevemos; a composição física corresponde exatamente à composição do padrão verbal. Isso pode ser visto na peça toda.

Nesta passagem, a Morte deixa Homem Comum

E agora, longe de tuas vistas, apressar-me-ei.[19]

– e retorna para o recinto inferior, coberto. Homem Comum está sozinho no *platea*:

Agora não possuo nenhum consorte
Para me auxiliar em minha sorte.[20]

Ele volta e procura apoio. Ao evocar ajuda, é rejeitado:

[...] Amizade [...]
Eu a vejo ao longe, certamente;

Onde estarão agora, meus amigos e familiares?

Meu Primo, não irias tu me acompanhar?

18 ["O gracious God, in the high seat celestial,/ Have mercy on me in this most need./ Shall I have no company from this vale terrestrial/ Of mine acquaintance that way me to lead?"]
19 ["And now out of thy sight I will me hie."]
20 ["Now have I no manner of company/ To help me in my journey."]

Por sua vez, esses amigos e familiares entram e falam com ele, no *platea*, mas logo seguem seu caminho para longe da casa da morte e da salvação. Homem Comum, sozinho mais uma vez, volta-se para seus Bens (o personagem dos *Bens*, abarrotado como ele mesmo descreve, já está em sua posição):

> Onde estais vós, meus Bens e riquezas?
>
> Quem me chama? Homem comum? Como tens pressa!
> Eu estou aqui jogada nos cantos, tão alto amarrada e empilhada
> E em baús sou trancada tão depressa
> Além de ensacada em bolsas, como mostra a tua visada,
> Não posso me mover.[21]

Não há ninguém para conversar com Homem Comum. O mesmo acontece quando ele se vira para o lado oposto, e chama suas Boas-Ações:

> Minhas Boas-Ações, onde estão?
>
> Eis-me aqui, no chão, indolente;
> Teus pecados me atam dolorosamente
> que não posso me mover.[22]

Essa expressão física e completamente dramática da crise de uma alma é, para mim, bem interessante. Amizade e Parentesco podem andar, só que para longe, de volta para o mundo e para o público. Bens e Boas-Ações, por razões diferentes, não podem mover-se de modo algum nessa indispensável jornada.

21 ["... Fellowship.../ I see him yonder, certainly;// Where be ye now, my friends and kinsmen?// My Cousin, will you not with me go?/ Where art thou, my Goods and riches?// Who calleth me? Everyman? what haste thou hast!/ I lie here in corners, trussed and piled so high/ And in chests I am locked so fast/ Also sacked in bags, thou mayest see with thine eye,/ I cannot stir."]

22 ["My Good-Deeds, where be you?// Here I lie cold in the ground;/ Thy sins hath me sore bound,/ That I cannot stir."]

Mas então a Sabedoria, irmã de Boas-Ações, surge para acompanhar Homem Comum; nesses primeiros encontros, o que ele obteve foi a sabedoria:

> Homem comum, eu irei contigo e serei teu guia,
> Em tua maior necessidade de ter companhia.[23]

E juntos vão em busca de Confissão, que vive

> Na Casa da Salvação:
> É lá que deveremos encontrá-la.[24]

Os dois chegam ao cômodo inferior e Confissão aparece, parada como se estivesse no limite entre a morte e a salvação:

> Veja, esta é a Confissão; ajoelha-te e pede clemência.[25]

Homem Comum ajoelha-se e recebe a penitência. Depois, ele reza a Deus nas alturas –

> Oh, Deus eterno, figura divina.[26]

Sabedoria está ao seu lado, é o caminho de sua redenção. E então Homem Comum ergue-se e recebe da Sabedoria

> o castigo da penitência.[27]

(o que não é uma figura, mas um castigo real:

23 ["Everyman, I will go with thee, and be thy guide,/ In dry most need to go by thy side."]
24 ["In the house of salvation:/ We shall find him in that place."]
25 ["Lo, this is Confession; kneel down and ask mercy."]
26 ["O eternal God, O heavenly figure."]
27 ["the scourge of penance."]

> Homem comum [...]
> *Assim* te deixo nas mãos de nosso Salvador
> Que *assim* possa decerto fazer seu ajuste de contas).[28]

Assim, repete-se o mesmo processo dramático, pois quando Homem Comum aceita a punição, Boas-Ações, que, a princípio, "no chão sentia frio",

> [...] pode seguir e caminhar
> [...] livre de minha doença e pesar.[29]

Boas-Ações se levanta e também fica ao lado de Homem Comum:

> SABEDORIA: Sãs e salvas, suas Boas-Ações aqui estão
> Tomando prumo sobre o chão.[30]

Homem Comum, embaixo da Casa da Salvação, tem agora ao seu lado Sabedoria e Boas-Ações. E como foi a Sabedoria que lhe deu o castigo, agora Boas-Ações lhe dá

> uma veste de pesar
> Que emprestado da dor irás tomar;
> Pois é a contrição,
> Que leva ao perdão.[31]

Pedem para que ele "coloque as vestes [...] encharcadas com suas próprias lágrimas", e assim o faz:

> Pois agora trajo a verdadeira contrição.[32]

28 ["Everyman.../ *Thus* I bequeath you in the hands of our Saviour,/ *Thus* may you make your reckoning sure."]

29 ["... can walk and go/... delivered of my sickness and woe..."]

30 ["KNOWLEDGE: Now is your Good-Deeds whole and sound/ Going upright upon the ground."]

31 ["a garment of sorrow/ From pain it will you borrow;/ Contrition it is,/ That getteth forgiveness."]

32 ["For now have I on true contrition."]

Nessa nova condição, ele é aconselhado a chamar seus amigos – Discrição, Força, Beleza e Cinco-Sentidos. Após chamá-los, eles surgem no *platea* e se juntam ao seu redor para apoiá-lo em sua peregrinação. Sabedoria o aconselha a procurar um padre para receber o sacramento, ao que ele sai, enquanto os outros esperam por seu retorno. (É provável que, nesse momento, Homem Comum vá para outro "ponto fixo" em vez de voltar para a Casa da Salvação. Ou então, talvez, ele saia do campo de visão do público e depois retorne, pois o recebimento do sacramento não é encenado. Quando ele retorna:

> CINCO-SENTIDOS: Paz, pois ao longe vejo Homem Comum se aproximando,
> Ele, que conseguiu verdadeira satisfação.
>
> BOAS-AÇÕES: Parece-me de fato ser ele.[33]

Decerto essa é uma aproximação à distância, e Homem Comum com certeza estava fora do campo de visão dos personagens e da plateia. Na cena seguinte torna-se clara a razão de ele não ter entrado na parte de baixo, coberta, da Casa da Salvação.)

Quando Homem Comum volta, com todas as qualidades ao redor, ainda usando as vestes de contrição, ele entra em sua jornada final. Com o grupo a apoiá-lo e cada um com a mão encostada na cruz que Homem Comum agora carrega, ele caminha em direção à Casa da Salvação e se aproxima do recinto coberto, onde está a Morte:

> Ai de mim! Estou tão fraco que mal me sustento,
> E meu corpo quase desiste;
> Amigos, não voltemos de novo a esse terreno

(ele indica todo o espaço cênico e a audiência atrás de si)

33 ["FIVE WITS: Peace, for yonder I see Everyman come,/ Which hath made true satisfaction.// GOOD-DEEDS: Methinketh it is he indeed."]

Nem por todo o ouro que existe
Pois devo me arrastar para dentro desta caverna.

(indica o espaço inferior)

Voltar-me para a terra e lá dormir a noite eterna.[34]

Mas agora, nesse último estágio da jornada, Beleza o abandona –

Vou-me embora com o chapéu no colo.[35]

Força o abandona –

Veloz, correrei para longe de ti;[36]

Discrição o abandona –

Quando a Força se despede
Sou eu quem sempre a segue;[37]

Cinco-Sentidos o abandona –

Seguirei os outros, pois aqui eu te abandono.[38]

Por fim, até mesmo Sabedoria o abandona –

34 ["Alas! I am so faint I may not stand,/ My limbs under me do fold;/ Friends, let us not turn again to this land// Not for all the world's gold./ For into this cave must I creep/ And turn to the earth and there to sleep ..."]

35 ["I take my cap in my lap and am gone."]

36 ["I will hie me from thee fast;"]

37 ["When Strength goeth before/ I follow after evermore;"]

38 ["I will follow the other, for here I thee forsake."]

Mas não ainda por todo tipo de perigo [...]
Até que eu veja aonde tu irás chegar.[39]

Somente Boas-Ações seguirá com ele por todo o caminho:

Todos se foram, salvo Boas-Ações, que aqui jaz [...]
Não tema, eu falarei por ti [...]
Nos deixa ir para retornar jamais.[40]

E assim Homem Comum, debaixo da Casa da Salvação, ergue as mãos a Deus:

Em tuas mãos, Senhor, entrego minha alma.[41]

Com Boas-Ações ao seu lado, ele entra na "caverna" da Morte – o espaço inferior, coberto, e desaparece. Sabedoria permanece à vista e volta-se para o público:

Agora que ele sofreu o que todos devemos suportar,
Boas-Ações, a todos deve assegurar.
Agora ele chegou ao fim.
Creio ouvir o canto de serafins

Fazendo grande júbilo e melodia
Lá, onde receberão a alma de Homem Comum.[42]

39 ["But not yet for no manner of danger .../ Till I see where ye shall be come."]

40 ["All fleeth save Good-Deeds, and that am I .../ Fear not, I will speak for thee .../ Let us go and never come again."]

41 ["Into thy hands, Lord, my soul I commend."]

42 ["Now hath he suffered that we all shall endure./ The Good-Deeds shall make all sure./ Now hath he made ending./ Methinketh that I hear angels sing/ And make great joy and melody/ Where Everyman's soul received shall be."]

A partir daqui a ação volta a acontecer no espaço superior, aberto, onde começou. Há uma canção dos anjos e um anjo aparece, alto, no andar de cima, olhando para baixo na direção da "caverna da Morte":

> Vem, excelente eleito, de Jesus companheiro:
> Aqui no alto tu virás.[43]

E assim Homem Comum, que passou pela Morte, aparece finalmente na presença de seu Deus, no recinto superior da Casa da Salvação:

> Para o qual

(os anjos se juntam enquanto ele aparece, e agora fala para todo o público)

> todos nós viremos
> Nós que bem vivemos antes do juízo final.[44]

Chega-se ao clímax, e o Doutor termina a peça com uma promessa:

> No lugar que Deus a todos veio trazer
> Que em corpo e alma possamos juntos viver.
> Para poder ajudar a Trindade,
> Dizei Amém para a santa Caridade.[45]

À medida que acompanhamos em detalhes a representação de *Everyman*, encontramos não só uma obra-prima da literatura (como muitas vezes foi elogiada), mas sim uma obra-prima da literatura *dramática*. Todos os elementos do drama – fala, ação e composição – se organizam em uma única estrutura. A dimensão dramática das "abstrações" é tão clara, que chegamos a não mais

43 ["Come, excellent elect spouse to Jesu:/ Hereabove thou shalt go."]

44 ["Unto the which/ all ye shall come/ That liveth well before the day of doom."]

45 ["Unto which place God bring us all thither/ That we may live body and soul together./ Thereto help the Trinity,/ Amen, say ye, for sainte Charity."]

dizer que essa moralidade é um tipo de peça pré-dramática, simplesmente porque usa tipos em vez de indivíduos.

Pois um sentimento, ao mesmo tempo individual e geral, foi criado segundo um padrão dramático completo em que a fala, a ação e a composição são uma coisa só. Devo ressaltar mais uma vez a criação da figura de Boas-Ações que, a princípio, "sentia frio no chão" e então, depois da confissão de Homem Comum, é capaz de andar e apoiá-lo; ou, na trama, a envolvente beleza da transição final da "caverna" escura da Morte para a plena luz da salvação. Essa transição é posta em cena materialmente e não apenas relatada; e o mesmo vale para todo o padrão moral, que de modo algum é abstrato, mas absolutamente palpável e manifesto. A abordagem que damos a uma peça como *Everyman*, portanto, não a considera um exemplo de um modo dramático primitivo; antes, ela é o reconhecimento de um tipo altamente desenvolvido de drama, no qual há uma conexão orgânica entre o sentimento dramático e o método dramático. Enquanto aquela estrutura de sentimento perdurou, esse tipo de drama não era um precursor, mas sim algo já amadurecido.

## 4. *Antônio e Cleópatra* (c. 1607), Shakespeare

*Circunstâncias cênicas*

Analisaremos a peça tal como apresentada no Globe Theatre, na margem Bankside, ao sul do rio Tâmisa. O Globe é um entre os vários edifícios teatrais levantados desde a primeira construção de um teatro público na Inglaterra, em 1576. A companhia de teatro do Globe é a King's Men, antes conhecida como Lord Chamberlain's Men. Cada companhia tinha um amplo repertório de peças próprias, e pelo menos vinte podiam ser apresentadas em uma única temporada. A King's Men não se apresentava somente no Globe – teatro público de Londres – mas, durante o inverno, se apresentava com frequência na Corte e em diversos lugares durante suas constantes turnês. No Globe, as peças começavam às duas horas da tarde; quando faziam sucesso, atraíam um público que podia variar entre mil e duas mil pessoas.

O Globe Theatre é uma construção de madeira, provavelmente com muros exteriores de planificação octogonal, e circular por dentro.[1] O Fortune Theatre,

1 Uma réplica aproximada do antigo teatro Globe foi reconstruída em 1997, com técnicas e materiais de época. Cf. J. R. Mulryne e Margaret Shewring, *Shakespeare's Globe Rebuilt*. Cambridge: Cambridge University Press, 1997. [N.E.]

construído mais ou menos nos padrões do Globe, tinha planta quadrangular; cada um de seus lados internos media vinte e cinco metros de largura, e cada lado interno, aproximadamente dezessete metros. Toda a área interna do teatro – isto é, auditório e palco – é mais ou menos do tamanho da *orchestra* do Teatro de Dioniso, em Atenas.

O teatro media de nove a doze metros de altura, e tinha galerias nos três andares que se estendiam por completo ao redor dos muros. No centro dessas galerias ficava o pátio, sobre o qual se projeta o palco. Este media por volta de doze metros de largura e se estendia até a metade do pátio, somando uma profundidade de, aproximadamente, oito metros e meio. Os espectadores, nas galerias e no pátio, cercam o palco pelos três lados. O palco fica cerca de um metro e meio acima do nível do pátio. As galerias são cobertas com um telhado de colmo, mas o pátio é aberto para o céu. Sobre o palco, no entanto, estende-se uma cobertura conhecida como *heavens* [paraíso] ou *shadow* [sombra], começando pouco abaixo do telhado da última galeria, provavelmente inclinando um pouco para a frente, e apoiado por dois pilares altos que incidem na frente do palco.

Atrás do palco estão os bastidores, onde os atores se preparam. Nos bastidores, há duas portas, uma de cada lado, dando acesso ao palco. Entre as portas há uma rotunda ou uma cortina pendurada. Acima dela, e projetando-se um pouco sobre o palco aberto, há uma varanda, que às vezes era disponibilizada para a ação da peça. Ela fica cerca de três ou quatro metros acima do palco principal, e o acesso a ela é feito na parte de trás, nos bastidores, por meio de uma escada. No palco principal há três ou quatro alçapões, amplos o suficiente para que pudessem ser jogados adereços para o palco, logo em cima, quando necessário.

A cenografia nesse palco é funcional, embora muitas vezes seja arrebatadora. Pode-se usar um pano de fundo pintado representando o panorama de uma cidade; parapeitos podem ser montados (a varanda usada como o muro de uma cidade ou de um castelo); uma janela pode ser colocada na varanda (representando, assim, o andar de cima de uma casa); uma entrada do inferno pode ser montada num alçapão aberto; casas, prisões e tumbas podem ser dispostas na plataforma para cada uma das ações; árvores, quando necessárias, podem ser colocadas no palco, placas de terra cheias de musgo; e algum mobiliário, como camas, mesas, bancos, tamboretes, é comumente usado. Parece também ter sido comum a montagem, no próprio palco, de tendas e outros espaços cobertos com cortinas ou dossel; quando necessário, esses espaços eram abertos e fechados durante a ação.

Todos os atores são homens ou rapazes; os rapazes representam as mulheres. Há determinados figurinos convencionais, como para um Fantasma, um Bufão, e talvez um Palhaço; máscaras são usadas ocasionalmente. E há, obviamente, armaduras para os soldados. O figurino dos atores, no entanto, resume-se basicamente ao vestuário elisabetano comum, da melhor qualidade possível, de acordo com o orçamento da companhia.

Nessa época, o método de atuação variava de acordo com o tipo de peça ou cena, mas costumava obedecer à convenção de que estilo e fala deviam vir claramente da prosódia e do gestual cotidianos. Os ritmos do verso e da prosa e as várias formas literárias em que são postas as palavras do discurso dramático constituem elemento importantíssimo para esse drama; e esse método geral de elocução é acompanhado pela ação, ou seja, determinados movimentos e gestos formais são ajustados aos movimentos da linguagem. Parece provável que tais gestos e movimentos tenham sido desenvolvidos pelos atores profissionais a partir dos gestos formais da retórica, recebendo depois uma nova amplitude dramática.

A música é usada tanto para acompanhar as canções quanto na ação geral. Trompetes, tambores, violas, tamborins, sinos, cornetas, oboés são os instrumentos. A representação começa com três toques de trompete; as entradas são geralmente marcadas com "floreados" (de trompetes ou cornetas), e a ação indicada por "alarmes" (trompetes ou tambores). Outros efeitos sonoros, como o do disparo de armas ou do trovão de uma tempestade, também são comuns. Embora as peças sejam representadas em plena luz do dia, efeitos de luz são usados de vez em quando: a condução de tochas, por exemplo, pode representar uma ação noturna.

A peça foi escrita, portanto, para essas circunstâncias cênicas; agora podemos examinar brevemente o texto antes de considerar detalhadamente algumas partes da cena em si.

## *O texto*

*Antônio e Cleópatra*[2] é uma peça composta de 3964 linhas, conforme a versão do Primeiro Folio. Em edições modernas, é dividida em cinco atos, totalizando quarenta e duas cenas, mas essas divisões não indicam sua estrutura original, e a separação das cenas, ou até mesmo dos atos, não fez parte da representação, e de forma alguma corresponde às divisões normalmente usadas na época. A marca normal dos atos e das cenas, nos textos modernos da peça, é usada aqui como simples referência; mas a marcação não oferece, e pode até atrapalhar, a percepção do verdadeiro desenvolvimento da peça. Para indicar os estágios da ação, o texto pode ser organizado formalmente do seguinte modo:

*Primeiro Ato, Cenas I-III: Antônio, Cleópatra e seu séquito.* Antônio e Cleópatra demonstram seu amor; acontece a crítica geral da aliança de Antônio com Cleópatra; Antônio recebe notícias da morte de sua esposa, Fúlvia, e da revolta de Pompeu, e decide retornar a Roma.

*Segundo Ato, Cena IV: Otávio César, Lépidus e sua comitiva.* César recebe notícias de Antônio e Cleópatra em Alexandria, e da força de Pompeu. César deseja o retorno de Antônio.

*Primeiro Ato, Cena V: Cleópatra, suas damas de companhia e Alexas.* Cleópatra pensa em seu ausente Antônio, e recebe dele uma mensagem.

*Segundo Ato, Cena I: Pompeu e outros.* Pompeu, ciente da força de César contra si, acredita que Antônio ainda esteja com Cleópatra, mas recebe notícias de seu retorno a Roma.

2 Nesta edição, utilizamos a tradução feita por Barbara Heliodora. William Shakespeare, *Antônio e Cleópatra*. Rio de Janeiro: Lacerda, 2001. Optamos por manter as citações no original no corpo do texto somente nos casos cujo objeto de análise está relacionado ao ritmo. [N.E.]

*Segundo Ato, Cenas* II-IV: *Antônio, César e seu séquito.* Antônio retorna a Roma e confirma sua aliança com César, selada por seu casamento com Otávia, irmã de César. Antônio se lembra do tempo que passou com Cleópatra e, apesar do casamento, decide voltar ao Egito para Cleópatra.

*Segundo Ato, Cena* V: *Cleópatra, suas damas de companhia e um mensageiro.* Cleópatra recebe notícias do casamento de Antônio com Otávia.

*Segundo Ato, Cenas* VI-VIII: *Antônio, César, Lépidus, Pompeu e séquito.* O triunvirato (Antônio, César, Lépidus) encontra Pompeu e faz um acordo, que é celebrado.

*Terceiro Ato, Cena* I: *Ventídio e seu séquito.* Ventídio, oficial de Antônio, celebra a vitória sobre a Pártia.

*Terceiro Ato, Cena* II: *Antônio, César, Lépidus, Otávia.* César se despede de Antônio e Otávia, que estão indo para Atenas.

*Terceiro Ato, Cena* III: *Cleópatra, suas damas e um mensageiro.* Cleópatra recebe uma descrição detalhada de Otávia.

*Terceiro Ato, Cenas* IV-V: *Antônio, Otávia, séquito.* Relatos são dados sobre as novas guerras de César contra Pompeu, do assassinato de Pompeu e a dominação de César sobre Lépidus. A rivalidade entre Antônio e César é mais uma vez iminente, e Otávia é sua vítima.

*Terceiro Ato, Cena* VI: *César, Otávia.* Otávia retorna a Roma para seu irmão, e fica sabendo que Antônio voltara para o Egito, para Cleópatra.

*Terceiro Ato, Cena* VII: *Antônio, Cleópatra, séquito.* Antônio e Cleópatra se preparam para a batalha contra César.

*Terceiro Ato, Cenas VIII-X.* Antônio e César mostram suas forças; a batalha é travada, os navios de Cleópatra batem em retirada e Antônio os segue.

*Terceiro Ato, Cena XI: Antônio, Cleópatra, séquito.* Cleópatra pede perdão por precipitar a derrota; Antônio a vê como sua conquistadora.

*Terceiro Ato, Cena XII: César, séquito, Embaixador.* O enviado de Antônio, o Embaixador, expõe a César suas condições. Antônio pede para ficar no Egito, ou então ir para Atenas. César recusa e ordena que Cleópatra abandone Antônio.

*Terceiro Ato, Cena XIII: Antônio, Cleópatra, Tídias, séquito.* Tídias, enviado de César, apresenta a Cleópatra as condições de César. Antônio intervém, e ordena que Tídias seja açoitado. Resolve ir à guerra de novo, e Cleópatra o apoia.

*Quarto Ato, Cena I: César e seu séquito.* César ouve as notícias da desobediência de Antônio, apieda-se dele. Muitas das tropas de Antônio passaram para o lado de César.

*Quarto Ato, Cena II: Antônio, Cleópatra, séquito.* Antônio e Cleópatra preparam um banquete na noite anterior à batalha final.

*Quarto Ato, Cena III: soldados de Antônio.* A guarda no acampamento de Antônio ouve uma música estranha, interpretada como um mau presságio.

*Quarto Ato, Cenas IV-V: Antônio, Cleópatra, Eros, séquito.* Antônio veste sua armadura e sai com Eros, seu tenente.

*Quarto Ato, Cena VI: César, Agripa, Enobarbo.* César ordena que Agripa capture Antônio vivo. Enobarbo, que havia desertado de Antônio, descobre que Antônio lhe enviara todo o seu tesouro e resolve morrer por vergonha.

*Quarto Ato, Cena VII: Agripa, Antônio, séquito.* Na luta, as tropas de César são obrigadas a recuar.

*Quarto Ato, Cena VIII: Antônio, Cleópatra, serviçais.* Antônio retorna vitorioso; ele e Cleópatra se preparam para voltar a Alexandria, triunfantes.

*Quarto Ato, Cena IX: soldados de César, Enobarbo.* Enobarbo se mata no acampamento de César.

*Quarto Ato, Cenas X-XII: Antônio, César, soldados.* A batalha do dia seguinte é preparada, e travada no mar. A frota de Antônio passa para o lado de César. Antônio acusa Cleópatra de traição.

*Quarto Ato, Cena XIII: Cleópatra, suas damas de companhia, Mardian.* Cleópatra, temendo Antônio, pede que Mardian lhe diga que ela está morta.

*Quarto Ato, Cena XIV: Antônio, Eros, Mardian.* Antônio recebe a forjada notícia da morte de Cleópatra e decide morrer. Pede a Eros que o mate, mas Eros golpeia a espada em si mesmo. Antônio se joga sobre sua própria espada, mas apenas se fere. Um novo mensageiro enviado por Cleópatra chega e desmente a falsa notícia da morte dela. Antônio chama sua guarda para que o carregue até Cleópatra.

*Quarto Ato, Cena XV: Antônio, Cleópatra, séquito.* Antônio é carregado para dentro do mausoléu onde Cleópatra se esconde de César, e morre na presença dela.

*Quinto Ato, Cena I: César e seus adjutores.* César recebe a espada de Antônio junto com notícias de sua morte. Manda Proculêius até Cleópatra.

*Quinto Ato, Cena II: Cleópatra, suas servas, Proculêius, César etc.* Cleópatra é capturada em seu mausoléu, mas Proculêius garante a generosidade de César. César a visita, e ela pretende recompensá-lo. Porém, ela conseguiu que um campônio lhe levasse áspides (*Vipera aspis*); ela e sua serva morrem com o veneno das víboras. César retorna e encontra Cleópatra morta, e ordena que ela seja "enterrada ao lado de seu amado Antônio". Depois, partem para Roma.

Esse tipo de síntese só serve ao propósito de, em poucas linhas, narrar o enredo. Nessa peça, em que a poesia contém o principal da ação, não se pode fazer um sumário simplório. A forma permite ver a lógica da ação como um todo. O elemento dominante é o desenrolar da ação, mais que um simples padrão que se possa isolar. A peça se passa em mais da metade do Mediterrâneo, e a ação descrita teria durado dez anos, segundo cálculos históricos. Mas essas considerações são completamente acessórias. O lugar em que se passa a trama é um elemento que enfatiza sua magnitude, mas o principal agente dessa magnitude é a fala encenada, a ação falada, em fim de contas o padrão vital. A ação que Shakespeare cria, e que sua companhia representava de forma tão clara, é um movimento governado pela experiência trágica.

A sucessão rápida e variada de cenas forma uma sequência verdadeira que seria entendida de maneira completamente equivocada se cada qual fosse interpretada separadamente, partindo da premissa de que tem um significado autônomo. A construção da ação dramática foi criticada muitas vezes por causa de suas frequentes mudanças e sua aparente fragmentação – contudo, nesses casos procurou-se erroneamente pela integração de tempo e espaço da representação realista, que pouco tem a ver com esse tipo de drama. A medida do tempo na peça é o verso dramático; a realidade do lugar é a realidade da ação representada no palco. A integração dramática – assim como o ritmo utilizado para concretizá-la – reside na estrutura de sentimento que o verso dramático, organismo completo, comunica. Essa estrutura de sentimento é a realidade essencial que o texto incorpora, e que será posta em cena.

*Primeiro Ato, Cena 1*: O toque do trompete anuncia o início da peça, e dois amigos de Antônio, Filo e Demétrio, entram no palco vazio. Filo diz:

> Essa tola paixão do general
> Passa os limites: o seu nobre olhar

Que brilhou sobre tropas guerreiras,
Qual Marte armado, hoje gira e firma
Serviço e devoção de sua mira
Numa testa morena; e o coração
Que o calor da luta arrebentou
As fivelas do peito, sem controle
Tornou-se o fole e leque que refrescam o cio da cigana.[3]

O que percebemos em relação a essa fala não é apenas o fato de sermos levados de uma só vez para o cerne da ação (embora a velocidade e a clareza sejam admiráveis), mas também o fato de que um elemento fundamental na estrutura de sentimento está sendo representado, e não relatado. Ou seja, a fala não é somente uma narrativa para nos introduzir Antônio; a própria forma da fala representa o movimento essencial da peça. Essas duas frases de enquadramento são *passa os limites* e *sem controle* [*ore-flowes the measure* e *reneages all temper*]; entre elas, a construção das palavras, em ritmo e elementos visuais, constitui especificamente o movimento. Assim,

[...] o seu nobre olhar
Que brilhou sobre tropas guerreiras,
Qual Marte armado

apresenta Antônio, comandante de guerra, que é colocado imediatamente em antítese com o general senil: não por meio do relato, mas pelo ritmo (a pontuação do Folio nos permite perceber isso claramente, o que é obscurecido pela pontuação de uma edição moderna; é só comparar as duas formas a seguir:

3 ["Nay, but this dotage of our Generals/ Ore-flowes the measure: those his goodly eyes/ That o're the Files and Musters of die Warre,/ Have glow'd like plated Mars: Now bend, now turne/ The Office and Devotion of their view/ Upon a Tawny Front. His Captaines heart,/ Which in the scuffles of great Fights hath burst/ The Buckles on his brest, reneages all temper,/ And is become the Bellowes and the Fan/ To coole a Gypsies Lust."]

Have glow'd like plated Mars, now bend, now turne

com

Have glow'd like plated Mars:
Now bend, now turne)

e também pelas imagens: os olhos que *brilhavam* agora *giram e firmam devoção*. E tanto o ritmo quanto a imagem são enfatizados conscientemente na atuação: não só pela voz conduzindo o ritmo, mas também pelas mãos criando a antítese; e o movimento da cabeça e a expressão facial representando a mudança de *goodly eyes/ That o're the Files and Musters of the Warre/ Have glow'd* [o seu nobre olhar/ Que brilhou sobre tropas guerreiras,/ Qual Marte armado,] para *now bend, now turne .../ Upon a Tawny Front* [hoje gira e firma [...]/ Serviço e devoção [...]/ Numa testa morena].

Nesse trabalho de ator completamente comandado pelo texto escrito, encontramos simultaneamente a criação de uma situação dramática e de um ritmo dramático; e isso não é só audível, mas também visível. Agora, soam os trompetes e entram Antônio e Cleópatra, em fila indiana, e acompanhados. "Cio da cigana" ainda ressoa em nossos ouvidos com os trompetes, e o conflito principal da peça logo se estabelece. A expressão depreciativa e o estado acelerado são imediatamente postos em contraste. Enquanto a fila desce pelo palco, ouvimos mais uma vez as palavras de Filo:

Ei-los que vêm:
Repare bem, e poderá ver nele
Um dos pilares do mundo mudado
Em bobo de rameira: é só olhar.[4]

4 ["Looke where they come:/ Take but good note, and you shall see in him/ (The triple Pillar of the world) transform'd/ Into a Strumpets Foole. Behold and see."]

A força da emoção original é intensamente enfatizada, mas agora estamos olhando para *um dos pilares do mundo* e para uma *rameira*: eles ocuparam o centro do palco; agora Filo e Demétrio são meros observadores. O elemento de oposição, antes evidente na magnificência da entrada, agora é ressaltado mais uma vez no diálogo em verso tradicional entre Antônio e Cleópatra.

CLEÓPATRA
Mas se sou mesmo amada, diga quanto.
ANTÔNIO
É pobre o amor que pode ser medido.
CLEÓPATRA
Vou limitar o quanto ser amada.
ANTÔNIO
Terá de encontrar novos céu e terra.[5]

Esse não é um diálogo dramático comum, do tipo que apresenta os personagens, na mesma medida em que a fala de Filo não foi um mero relato introdutório. A pergunta e a resposta, as linhas individuais equilibradas, são tão formais quanto uma canção e, postas em cena, recebem toda a ênfase: um padrão momentaneamente isolado que cria toda a atmosfera, repleta de beleza, bem diferente do quadro para o qual Filo nos preparou. Fomos preparados para a baixeza e o que vemos é magnificência; e as duas sensações são importantes. Pois as figuras interagem de fato: a magnificência de *terá de encontrar novos céu e terra* – a ruptura de todos os limites por amor – é um eco de *passa os limites*, em que o *amor* era *paixão tola*. E é simplesmente esse movimento, essa interação, que configura o eixo da peça – exposto diante de nós, em palavras e ação, nas primeiras dezenove linhas.

Em uma peça shakespeariana desse tipo, o ritmo dramático – e todo o enredo da peça, conforme comunicado na fala encenada – é sempre preciso e

5 ["CLEOPATRA: If it be Love indeed, tell me how much./ ANTONY: There's beggery in the love that can be reckon'd./ CLEOPATRA: Ile set a bourne how farre to be belov'd./ ANTONY: Then must thou needes finde out new Heaven, new Earth."]

complexo. Aqui, temos imediatamente uma nova interrupção e uma mudança. Uma Serva entra e suas palavras surgem – "Novas de Roma" – antes mesmo de Antônio terminar de dizer "novos céu e terra". A transição é indicada pelo tom de "Novas", e o nome de "Roma", um lugar específico, é contraposto aos imaginados "novos céu e terra". E dessa forma a ruptura é marcada pelo *staccato* da resposta de Antônio:

> O que importa? Resuma.[6]

Durante a representação, a quebra na melodia da fala é similarmente marcada; compare-se *Vou limitar o quanto ser amada* [*Ile set a bourne how farre to be belov'd*] com *O que importa? Resuma* [*Grates me, the summe*]. Em seguida, Cleópatra, também, fala de modo bem diferente:

> Não, Antônio, deve ouvi-las.
> Fúlvia pode zangar-se: e quem sabe
> o César meio imberbe não mandou
> Ordens fortes de: Faça isso, ou isso;
> Conquiste aquele reino, livre aquele;
> Faça, ou está perdido.[7]

São palavras implacáveis para Cleópatra, mas, na boca do ator, a fala cria não só Cleópatra, mas também "o César meio imberbe não mandou/ Ordens": as ordens são representadas acompanhadas de gestos rápidos de comando. Cleópatra continua com a provocação, mas Antônio, quando começa a responder, retoma propositadamente o ritmo anterior. Mais uma vez, o contraste é intencional:

6 ["ANTONY: Grates me, the summe."]

7 ["CLEOPATRA: Nay heare them Antony./ Fulvia perchance is angry: Or who knowes,/ If the scarse-bearded Caesar have not sent/ His powrefull Mandate to you. Do this, or this;/ Take in that Kingdome, and Infrachise that:/ Perform't, or else we damne thee."]

CLEÓPATRA

[...] Se Fúlvia grita. Entrem, mensageiros!

ANTÔNIO

Derreta Roma no Tibre; e que caia
O arco do império! Este é o meu espaço.
Reinos são barro: o esterco da terra
Homem e bicho alimenta; nobreza
É agir assim: quando um par que se ama
[*Abraça-a*]
E dois quais nós o fazem, determino
Que o mundo saiba, ou sofra punição,
Que não temos iguais.[8]

Aqui, a fala encenada é uma criação intensa da proporção grandiosa do drama: da desejosa contemplação da ruína, que mais uma vez "passa os limites", e da mesma magnificência da afeição, "Aqui eu tenho o meu espaço". É significativo o fato de que imediatamente após há a discordância na fala de Cleópatra:

Bela mentira!
Então casou com Fúlvia sem amá-la?

Pareço boba, mas não sou; Antônio
Vai ser Antônio.[9]

8 ["CLEOPATRA: ... When shrill-tongu'd Fulvia scolds. The Messengers. //ANTONY: ... Let Rome in Tyber melt, and the wide Arch/ Of the raing'd Empire fall: Heere is my space,/ Kingdomes are clay: Our dungie earth alike/ Feeds Beast as Man: the Noblenesse of life/ Is to do thus: when such a mutuall paire,/ And such a twaine can doo't, in which I binde/ On paine of punishment, the world to weete/ We stand up Peerelesse."]

9 ["CLEOPATRA: Excellent falshood:/ Why did he marry Fulvia, and not love her?/ He seeme die Foole I am not. Antony will be himselfe."]

E o método dessa fala agudiza a natureza da ação. A cena não é um mero diálogo, com os atores que representam Antônio e Cleópatra posicionados no palco falando um *para* o outro; ela é, antes, uma *apresentação*, e Cleópatra, ao se referir a Antônio como *ele*, não deve ser vista como se estivesse fazendo um aparte (como indicam os editores modernos). O estilo da performance elisabetana, em que os atores encenam poesia dramática para um público em vez de representar comportamentos, permite uma variação desse tipo, sem dificuldades. Cleópatra amplia as condições de referência por meio do distanciamento de sua fala; mas suas palavras são apresentadas para o público da mesma maneira que a grande invocação de Antônio. Essa cena também não é um exemplo que conhecemos do drama moderno como diálogo encenado.

Uma última observação deve ser feita sobre esta cena. Mediante o arranjo formal e o contraste do verso, vimos como uma estrutura complexa de sentimento foi posta em cena de forma muito clara. O verso serviu para delinear, mas há algo mais que pode não ser percebido ao se ler a peça, mas que é evidente na representação elisabetana. Trata-se da inevitável magnificência tanto de Antônio quanto de Cleópatra quando ambos nos são apresentados; uma magnificência contra a qual os elementos da ruína e da baixeza são colocados na tensão necessária que configura o movimento de toda a peça. Não há dúvidas de que, em cena, essa magnificência é constante, mesmo quando ressoam os outros elementos conflitantes. Isso está no texto, nas palavras de Antônio para Cleópatra:

> Ora basta, rainha!
> À qual tudo cai bem, ralhar, sorrir
> Chorar: como em ti lutam as paixões
> Para em ti serem belas e admiradas![10]

10 ["ANTONY: Fye wrangling Queene:/ Whom every thing becomes, to chide, to laugh,/ To weepe; who every passion fully strives/ To make it selfe (in Thee) faire, and admir'd."]

Posteriormente, depois de uma longa invocação da magnificência de Cleópatra sobre o rio Cidno, Enobarbo diz o mesmo sobre ela:

> Transformou o defeito em perfeição [...]
>
> [...] O que há de vil
> Cai-lhe tão bem que até os sacerdotes
> A abençoam quando é mais devassa...[11]

Isso é o que necessariamente é colocado em cena, de modo que possa ser visto no contraste intencional com Otávia. Antônio diz sobre Otávia:

> A língua não lhe expressa o peito, e nem
> Dirige o peito a língua.[12]

e o Mensageiro diz sobre ela quando questionado por Cleópatra:

> CLEÓPATRA
> Tem porte majestoso?
> Pense bem, se já viu majestade.
> MENSAGEIRO
> Ela se arrasta;
> Seu andar e postura são um só;
> Mais que uma vida, ela parece um corpo,
> Estátua que não respira.[13]

11 ["... she did make defect, perfection/... For vilest things/ Become themselves in her, that the holy Priests/ Blesse her, when she is Riggish."]

12 ["Her tongue will not obey her heart, nor can/ Her heart informe her tongue."]

13 ["CLEOPATRA: What Majestie is in her gate, remember,/ If ere thou look'st on Majestie. MESSENGER: She creepes:/ her motion, and her station are as one:/ She shewes a body, rather then a life,/ A Statue, then a Breather."]

Isso tudo não é (como talvez pareça) apenas uma caracterização relatada [*reported*], mas algo a ser concretizado em cena. Os rapazes representando as duas mulheres iriam, em todos os seus movimentos, reforçar o contraste entre a magnífica Cleópatra – "à qual tudo cai bem" – e a limitação de Otávia – cuja língua não "lhe expressa o peito", cujos "andar" e "postura" (movimento e permanência) são um só. O contraste do movimento é claro, porém não está só no movimento: ele também está numa parte da fala encenada. A poesia de Cleópatra não é uma beleza genérica despropositada, mas sim o coração que dá instruções à língua, tanto que voz e movimento – o conjunto da fala como um todo – representam decisivamente uma pessoa "à qual tudo cai bem". O objetivo ulterior da fala de Cleópatra diante da morte –

> Sou ar e fogo; os outros elementos
> Dou à vida mais baixa.[14]

– baseia-se dramaticamente no completo *vir a ser* que vimos em toda a peça. E, assim como isso é contraposto à opinião extrínseca de que Cleópatra é uma "rameira", todo o conjunto da fala encenada de Antônio é contraposto à opinião semelhante de que ele seja um "bobo de uma rameira". Não quero dizer que tais opiniões sejam irrelevantes; em vez disso, insiste-se nelas para criar a verdadeira tensão dramática entre a opinião e o afeto. O que é dito de Antônio interage com o Antônio que vemos e ouvimos – *e o braço/ Erguido coroava o mundo* [...] [*his rear'd arme crested the world*]. Pois a caracterização, nesse teatro, tem a força de todo o verso dramático, levada à cena na mesma intensidade. Não se trata apenas de um relato, mas de uma representação,

> E dois quais nós o fazem, determino
> Que o mundo saiba, ou sofra punição,
> Que não temos iguais [...][15]

14 ["I am Fire, and Ayre; my other Elements/ I give to baser life."]



15 [... When such a mutuall paire,/ We stand up peerelesse."]

A magnificência é real, e todos os modos de representação – linguagem, movimento, gesto e caracterização – estão combinados para que ela fique evidente. É como Cleópatra diz para Antônio:

Lábios e olhos falavam do eterno
E de felicidade: tudo em mim
Era parte do céu; e ainda é [...][16]

Shakespeare escreveu seu verso dramático não para enfeitar uma situação, mas para conseguir criar, de vários modos, efeitos como esse. Os personagens são menos representados no comportamento do que criados na cena mediante a intensidade do ritmo dramático que tanto a representação comunica quanto o texto estabelece, de forma precisa, numa única corporificação de voz e movimento. Na verdade, nós não vemos

eu verei
Um menino guinchar minha grandeza,
E com ares de puta.[17]

Shakespeare não poderia ter escrito isso, criando propositadamente um contraste de efeitos, se não soubesse que o drama representado – o ritmo dramático encenado, digamos que de maneira impessoal, por todos os meios de intensidade de voz e de movimento – resultaria algo bem diferente: a "poderosa rede de graciosos encantos" que aqui, em última análise, está além dos personagens, mas que um artista podia imaginar e escrever e que seus atores, por meio de habilidades intencionais de fala e movimento, podiam encarnar. Com efeito, "Aqui eu tenho o meu espaço"; não em Alexandria, nem nos anos daquela dinastia, mas neste palco, onde tal ação pode ser interpretada.

16 ["Eternity was in our Lippes, and Eyes,/ Blisse in our browes bent: none our parts so poore,/ But was a race of Heaven. They are so still ..."]

17 ["Some squeaking Cleopatra Boy my greatnesse/ I' th' posture of a Whore."]

*Quarto Ato, Cena III*

Agora podemos passar, de modo sucinto, para um tipo de cena diferente, que ilustra outro aspecto da encenação elisabetana. As edições modernas indicam a cena como sendo a terceira do quarto ato, na qual é apresentado um pelotão de soldados de Antônio na noite anterior à segunda batalha. O palco fica vazio por um momento até que entram os soldados:

> 1º SOLDADO: Boa noite, irmão. Amanhã é o dia.
> 2º SOLDADO: Que dá certo pr'um lado: passe bem./ Não ouviu nada de estranho pelas ruas?
> 1º SOLDADO: Nada. O que é que há?
> 2º SOLDADO: Vai ver que era boato. Boa noite.
> 1º SOLDADO: Bem, boa noite.[18]

Nessas palavras, já ouvimos um curioso e premonitório ritmo, enfatizado quando, no palco, elas são ditas na forma de um padrão determinado, e não como declarações separadas e isoladas. Os soldados se movem pelo palco, carregando tochas para criar a vigília noturna (o público acabou de ouvir Antônio)

> [...] lhes pedi
> Que dessem luz à noite [...][19]

assim, eles encontram outros soldados, e mais uma vez a fala é formal:

> 2º SOLDADO: Soldados, alerta.
> 3º SOLDADO: Vocês também, boa noite, boa noite.[20]

18 ["1st SOLDIER: Brother, goodnight: to morrow is the day.// 2nd SOLDIER: It will determine one way: Fare you well./ Heard you of nothing strange about the streets?// 1st SOLDIER: Nothing: what newes?// 2nd SOLDIER: Belike 'tis but a Rumour, good night to you.// 1st SOLDIER: Well sir, good night."]

19 ["I ... did desire you/ To burne this night with Torches."]



20 ["2nd SOLDIER: Souldiers, have carefull Watch.// 3rd SOLDIER: And you: Goodnight, goodnight."]

E agora, curiosamente, a rubrica da cena consiste nos personagens situados em *cantos diversos do palco.* Todo o espaço de representação está ocupado pelos soldados em posição de vigília. A fala formal prossegue em seu ritmo marcado:

> 2º SOLDADO: E nós aqui; se amanhã
> A nossa armada vence, eu tenho fé
> Que a tropa em terra aguenta.
> 1º SOLDADO: É tropa brava,
> E resoluta.[21]

Enquanto eles estão parados, ouve-se subitamente *música de oboé sob o palco.* (Trata-se de uma família de oboés de vários tipos – soprano, contralto, tenor e baixo – geralmente tocados como uma "banda".)

> 2º SOLDADO: O que é isso?
> 1º SOLDADO: Escute!
> 2º SOLDADO: Ouçam!
> 1º SOLDADO: É música no ar.
> 3º SOLDADO: Na terra.
> 4º SOLDADO: É não é bom sinal?
> 3º SOLDADO: Não.
> 1º SOLDADO: Quieto, eu digo./ Mas quer dizer o quê?
> 2º SOLDADO: É Hércules, o deus que Antônio amava/ Que o deixa.[22]

O efeito obsessivo da música oculta é absorvido pelos atores com a fala e o movimento dos soldados que, na realidade, atuam neste momento como uma espécie de coro:

21 ["2nd SOLDIER: Heere we: and if to morrow/ Our Navie thrive, I have an absolute hope/ Our Landmen will stand up.// 3rd SOLDIER: 'Tis a brave Army,/ and full of purpose."]

22 ["2nd SOLDIER: Peace, what noise?// 1st SOLDIER: List list.// 2nd SOLDIER: Hearke.// 1st SOLDIER: Musicke i' th' Ayre.// 3rd SOLDIER: Under the earth.// 4th SOLDIER: It signes well, do's it not?// 3rd SOLDIER: No.// 1st SOLDIER: Peace i say: what should this meane?// 2nd SOLDIER: 'tis the god Hercules, whom Anthony loved/ Now leaves him."]

1º SOLDADO: Vamos perguntar aos outros
Se o ouvem, como nós
2º SOLDADO: Então, amigos?[23]

E agora todos os soldados falam ao mesmo tempo:

TODOS: Então? Ouviram isso?
1º SOLDADO: Não é estranho?
3º SOLDADO: Ouviram mestres? Será que ouviram?
1º SOLDADO: Sigamos o rumor por nossa área,/ Para ver o alcance.
TODOS: Bem. Que coisa estranha.[24]

E assim, com a música ainda tocando e como se estivessem a se distanciar, eles caminham, em fila, e deixam o palco vazio, pois levam consigo suas tochas. Quando Antônio e Cleópatra entram já é manhã, e Antônio irá vestir sua armadura.

Não há necessidade de comentar a fundo o método dramático da cena. Ele cria, diretamente por meio do verso, do movimento e da música, um padrão claro tanto da noite quanto do agouro.

### As mortes de Antônio e Cleópatra

Agora podemos examinar uma passagem no fim da ação na qual percebemos não só a plenitude dramática do verso encenado, mas também uma forma específica de utilização do palco elisabetano. Eros está com Antônio depois da derrota final, e os dois posicionados na frente do palco. Antônio falara das imagens das nuvens, sempre

23 ["1st SOLDIER: Walke, let's see if other watchmen/ Do heare what we do?// 2nd SOLDIER: How now maisters?"]

24 ["ALL: How now? How now? Do you heare this?// 1st SOLDIER: I, is't not strange?// 3rd SOLDIER: Do you heare masters? Do you heare?// 1st SOLDIER: Follow the noyse so farre as we have quarter./ Let's see how it will give off.// ALL: Content: 'Tis strange."]

> [...] Enganando com o ar os nossos olhos
> São sempre mau agouro [...]
> O que é um cavalo, só com um pensamento
> Se apaga e fica tão indistinguível
> Quanto água em água [...]
> Meu servo Eros, o seu capitão
> É hoje assim: agora eu sou Antônio
> Mas não posso, rapaz, reter a forma.[25]

Logo depois entra Mardian trazendo a falsa notícia da morte de Cleópatra. Antônio diz a Eros que agora a morte deve levá-lo: ele não será tomado nem humilhado por César. Nesse momento, de repente, a humilhação torna-se presente por um instante, não por meio de um relato ou de um pensamento, mas na fala encenada:

> Eros,
> Quer ver então, de uma janela em Roma,
> Com os braços presos, seu amo curvando
> Uma nuca punida, e o rosto triste
> Coberto de vergonha [...].[26]

A versatilidade do método dramático não é tão evidente em nenhuma outra passagem da peça; pois, da mesma forma que, no conjunto geral da fala de Antônio, a grandeza do método se manifesta na força das palavras e do movimento como um todo, aqui, ao assumir a postura formal de derrota e humilhação, a emoção não é narrativa nem imaginação, mas uma presença dramática real, manifesta no *com os braços presos, seu amo curvando/ Uma nuca premida*

25 ["mocke our eyes with Ayre./ Thou hast seene these Signes,/ They are blacke Vespers Pageants.../ That which is now a Horse, even with a thoght/ The Racke dislimes, and makes it indistinct/ As water is in water .../ My good Knave Eros, now thy Captaine is/ Even such a body."]

26 ["Eros,/ Would'st thou be window'd in great Rome, and see/ Thy Master thus with pleacht Armes, bending downe/ His corrigible necke, his face subdu'de/ To penetrative shame ..."]

*e o rosto trsite* . Dramaticamente, a formalidade convencional dessa postura é do mesmo tipo que a manifestação de sua grandeza, de tal modo que a tensão entre a grandeza e a derrota é interpretada por completo, e de maneira visível. E Antônio continua curvado, pedindo a Eros que o mate. Mas Eros golpeia a espada em si mesmo, ao que Antônio é forçado a recobrar a grandeza. Nesse momento, mais uma vez, o movimento é decididamente dramático: Antônio ergue a cabeça, abre os braços e, olhando para cima, pode agir novamente:

> [...] A rainha
> e Eros, pelo exemplo que me dão,
> Ficam na história. Mas eu hei de ser
> Um noivo em minha morte, e procurá-la
> Como a um leito de amantes.[27]

Ele se joga sobre sua própria espada, mas o ferimento não é imediatamente fatal. Chama sua guarda e pede que acabem com ele. Nesse momento, assim como aconteceu quando os soldados ouviram a música, há um padrão cantado em coro breve e formal:

> 2º SOLDADO: A estrela caiu.
> 1º SOLDADO: É o fim dos tempos.
> TODOS: Que pena! Que pena!
> ANTÔNIO: Que quem me ama mate-me.
> 1º SOLDADO: Não eu.
> 2º SOLDADO: Nem eu.
> 3º SOLDADO: E nem ninguém.[28]

27 ["My Queene and Eros/ Have by their brave instruction got upon me/ A Noblenesse in Record. But I will bee/ A Bride-groome in my death, and run intoo't/ As to a Lovers bed."]

28 ["2nd SOLDIER: The Starre is falne.// 1st SOLDIER: And time is at his Period.// ALL: Alas, and woe.// ANTONY: Let him that loves me, strike me dead.// 1st SOLDIER: Not I.// 2nd SOLDIER: Nor I.// 3rd SOLDIER: Nor any one."]

Enquanto todos saem e deixam Antônio morrendo, chegam as notícias de que Cleópatra ainda vive. Antônio chama novamente sua guarda e pede que seja carregado até Cleópatra:

> Muito os guiei; agora me carreguem
> E tenham todos minha gratidão.[29]

Cinco de seus soldados levantam-no e carregam-no lentamente para fora do palco. À medida que desaparecem, Cleópatra, com Charmiana, Iras e suas aias, surge mais ao alto.

Saber como visualizar essa indicação "mais ao alto", bem comum na encenação elisabetana ou do início do período de Jaime I (1603-1625), é uma de nossas maiores dificuldades. Há vantagens em considerá-la como a varanda, que é uma estrutura permanente; e ela é sem dúvida a melhor escolha, para representar os muros da cidade ou as sacadas. Mas quando uma cena importante deve ser representada lá, como agora, a galeria, por trás dos balaústres, é restrita e mal posicionada. A única alternativa, contudo, é a armação com cortinas ou o tablado, chamados de "tenda" ou "mansão", opção para a qual há muitos indícios, mas não completamente convincentes. A se aceitar esse mecanismo montado contra a parede do fundo, seu interior seria útil para cenas de descoberta, por meio da abertura das cortinas (o que costumava ser considerado o "palco interior", sob a galeria, para o qual não há indício sólido) e do telhado para entradas "de cima", quando uma cena importante deve ser representada. Dada a versatilidade desse teatro, uma cena pode começar num espaço restrito e mudar para o exterior, na representação, ocupando o palco principal; esse movimento indispensável é o argumento mais forte contra o uso da galeria para uma cena de qualquer importância dramática um pouco mais significativa. Por outro lado, é somente pela inferência que podemos imaginar uma "tenda" ou "mansão" com um telhado forte o suficiente para que seis ou sete pessoas atuem sobre ele, como deve ser nesse momento de *Antônio e Cleópatra*. É preciso também determinar de onde vem essa estrutura, tamanha é sua importância. Há sinais de que um "trono" ou "dossel"

29 ["Take me up,/ I have led you oft, carry me now good Friends,/ And have my thankes for all."]

ficava pendurado em cima do palco e era arriado sobre ele, e alguns estudiosos o imaginaram sendo carregado por maquinistas. Se nesse caso a "tenda" for de fato o mausoléu de Cleópatra – e suas vantagens sobre a galeria são óbvias por vários motivos –, parece provável que ela ficasse no palco durante toda a peça, e talvez fosse associada a Cleópatra diversas vezes: há um uso óbvio para o seu interior no início da Cena IV do Quarto Ato, e vários usos semelhantes são possíveis. Em outra teoria, contudo, a "tenda" ou "mansão" seria montada regularmente sobre o palco aberto, encostada no pano de fundo, para quase todas as encenações.

Independentemente de como esse detalhe possa ser resolvido, temos dois planos de área cênica física, e a cena é escrita com a ciência e com o uso dessa relação dramática. Cleópatra e suas damas de companhia entram no nível superior:

CLEÓPATRA: E então? Ele está morto?
DIOMEDES: A morte o cerca, porém não 'stá morto.
Olhe o outro lado desta torre,
Pra lá levou-o a sua guarda.[30]

Diomedes está no nível mais baixo da área cênica. Ele direciona o olhar de Cleópatra para o outro lado enquanto Antônio é carregado para a cena. Ela volta-se para ele.

CLEÓPATRA
Ó sol,
Queima a esfera em que te moves, e apaga
As praias deste mundo. Ó meu Antônio,
Antônio! Ajudem-me, Charmiana e Iras:
Ergamo-lo pra cá, amigos.[31]

30 ["CLEOPATRA: How now? is he dead?// DIOMEDES: His death's upon him, but not dead./ Looke out o'th other side your Monument,/ His Guard have brought him thither."]

31 ["Burne the great Sphere thou mov'st in, darkling stand/ The varrying shore o' th' world. O Antony, Antony,/ Antony! Helpe Charmian, helpe Iras helpe: helpe Friends/ Below, let's draw him hither."]

Os dois que tantas vezes vimos juntos agora estão separados por essa clara distância física: o abismo entre os dois níveis. Eles conversam, à distância, e então Cleópatra grita de novo:

> [...] Mas venha, Antônio,
> Aias, ajudem-me – temos de içá-lo:
> Aqui, amigos [...][32]

Com a guarda segurando Antônio por baixo, Cleópatra e suas cinco aias preparam-se para içá-lo. O texto de toda essa movimentação cênica é bem interessante:

> CLEÓPATRA
> Que brincadeira! É pesado meu amo. Nossa força vai toda na tristeza
> Que o faz pesado. Com o poder de Juno
> Eu faria Mercúrio trazê-lo em suas asas
> Pra ficar junto a Zeus. Mas suba aos poucos,
> Tais desejos são tolos. Venha, venha.
> Bem-vindo! Morra só após viver,
> Pulse ao beijar-me; tivessem meus lábios
> Tal força eu os gastaria.[33]

Embaixo há três guardas que levantam Antônio até que fique de pé e com os braços estendidos; isso aconteceria aproximadamente entre um e dois metros acima do palco. No nível superior estão Cleópatra, Iras, Charmiana, Diomedes, e pelo menos duas aias: seis pessoas para recebê-lo. Talvez os atores tenham

32 [" ...but come, come Anthony,/ Helpe me my women, we must draw thee up:/ Assist good Friends."]

33 ["Heere's sport indeede:/ How heavy weighes my Lord?/ Our strength is all gone into heavinesse,/ That makes the waight. Had I great Iuno's power,/ The strong wing'd Mercury should fetch thee up,/ And set thee by love's side. Yet come a little,/ Wishers were ever fooles. Oh come, come, come,/ And welcome, welcome. Dye where thou hast lived,/ Quicken with kissing: had my lippes that power,/ Thus would I weare them out."]

usado cordas, pois há relatos desse tipo de recurso em casos semelhantes; mas o movimento também pode ter sido executado usando apenas os braços; há onze pessoas para içar e receber uma só. E o processo de carregá-lo é usado no verso como um elemento dramático explícito:

Nossa força vai toda na tristeza
Que o faz pesado.[34]

O poderoso Antônio, de porte robusto, o qual vimos durante toda a peça, agora está inerte, quase morto, pesado. Mas veja com que ânimo Cleópatra finalmente o toca e o recebe:

Venha, venha.

e o eco dessa frase quando ele por fim está nos braços dela:

Bem-vindo![35]

Ele se deita nos braços dela e ela o beija, enquanto os serviçais em cima e embaixo, concentrados, observam os dois personagens. Antônio, então, pronuncia suas últimas palavras:

Estas tristes mudanças no meu fim
Não chore e nem lamente: pense apenas
Em dar-lhe força com as glórias passadas
Em que vivi: o maior entre os príncipes,
O mais nobre, que não morre vil
Nem teve de tirar o elmo ante
Algum compatriota. Sou romano

34 ["Our strength is all gone into heavinesse,/ That makes the waight."]



35 ["Oh come, come, come ...// And welcome, welcome."]

Por romano vencido. Vai-se o espírito,
Não posso mais.[36]

Ele se esvai dos braços de Cleópatra, mas a marca continua visível – não só a marca de Antônio, mas de todo o movimento cênico:

O mais nobre; que não morre vil.[37]

Cleópatra toma a palavra e leva ao máximo de dramaticidade a inflexão da fala:

Nobre entre os nobres, morre?
Nem pensa em mim, que tenho que ficar
No insosso mundo que, com a sua ausência,
Não é mais que um chiqueiro? Vejam, aias:
A coroa do mundo se desfaz.
Meu senhor?
A guirlanda da guerra feneceu!
Foi-se a medida do soldado. O nível
Agora é mesmo para menino e homem. Foi-se a disparidade; e não restou
Mais nada que devesse ser notado
Sob a lua que nos visita.[38]

36 ["The miserable change now at my end,/ Lament nor sorrow at: but please your thoughts/ In feeding them with those my former Fortunes/ Wherein I lived. The greatest Prince o' th' world,/ The Noblest: and do now not basely dye,/ Not Cowardly put off my helmet to/ My Countreyman. A Roman, by a Roman/ Valiantly vanquish'd. Now my Spirit is going,/ I can no more."]

37 ["The Noblest: and do now not basely dye."]

38 ["Noblest of men, woo't dye?/ Hast thou no care of me, shall I abide/ In this dull world, which in thy absence is/ No better than a Stye? Oh see my women:/ The Crowne o' th' Earth doth melt./ My Lord?/ Oh wither'd is the Garland of the Warre,/ The Souldiers pole is falne; young Boyes and Gyrles/ Are levell now with men: The oddes is gone,/ And there is nothing left remarkeable/ Beneath the visiting Moone."]

Esse verso de dramaticidade suprema cria, ele mesmo, a própria música da ação, mas enquanto o ator o torna flamejante na intensidade da voz, a situação física continua dando-lhe apoio. Antônio não resistiu e o espectador percebe com clareza a separação entre os dois recursos. As ideias são colocadas dentro do verso, e depois transformadas; nesse momento, no entanto, tudo faz parte de uma única situação.

Depois da última fala, Cleópatra debruça-se sobre o corpo de Antônio; Charmiana e Iras tentam despertá-la, temendo que esteja morta. Mais uma vez, a magnificência: "Ama! [...] Ah, senhora, senhora! [...] Grande Egito! [...] Imperatriz!", ao que Cleópatra se levanta, olha à sua volta para seus serviçais e para os guardas lá embaixo:

> Minhas nobres meninas. Ah, mulheres.
> Nossa luz se apagou. Coragem, homens,
> Havemos de enterrá-lo. Bravo e nobre,
> Vamos fazê-lo com as pompas romanas, pra que a morte se orgulhe.
> Vamos, vamos.
> 'Stá fria a caixa desse grande espírito.
> Mulheres, por amigas nesta sorte
> Temos vontade e uma breve morte.[39]

A rima enfática e conclusiva finaliza a cena; e os guardas vão embora enquanto, lá em cima, todos saem carregando o corpo de Antônio.

O palco inteiro fica vazio, mas é imediatamente ocupado por César. A espada de Antônio, manchada de sangue, é entregue a ele, que irá ao encontro de Cleópatra. Com isso, a versatilidade do palco elisabetano é mais uma vez demonstrada de forma extraordinária. César ocupa o espaço, e depois há um

39 ["My noble Gyrles? Ah Women, women! Looke/ Our Lampe is spent, it's out. Good sirs, take heart,/ Wee'l bury him: And then, what's brave, what's Noble,/ Let's doo't after the high Roman fashion, And make death proud to take us./ Come, away,/ This case of that huge Spirit now is cold./ Ah Women, Women! Come, we have no Friend/ But Resolution, and the breefest end."]

retorno a Cleópatra no nível superior. O mensageiro de César chega até ela e eles conversam, cada qual em um plano. Então:

> GALLUS: Vejam como é fácil surpreendê-la.
> Guardem-na até César vir.[40]

Não há nenhuma indicação no texto original. Cleópatra é capturada numa fala e movimento súbitos e, depois, lamenta –

> Querem pendurar-me
> Para me exibir antes os gritos da plebe
> Da Roma que me acusa?…[41]

Dolabela chega e toma de Proculêius a guarda de Cleópatra. Capturada e conduzida de mão em mão, ela chega ao nível principal do palco, onde César surgirá com seu séquito e onde ela se ajoelhará diante dele. Logo depois de sua submissão aparente, é aqui, movendo-se na parte da frente do palco, que ela constrói seu próprio clímax:

> Deem-me o manto, ponham-me a coroa;
> Tenho ânsias imortais em mim; não mais
> O néctar de uvas molhará meus lábios. Depressa, Iras, depressa.[42]

A fala repleta de dramaticidade, nesse clímax, é apoiada, em todos os pontos, pelo movimento e pelo desenho da cena; ou melhor, o movimento e a concepção dramáticos são inerentes à fala.

40 ["GALLUS: You see how easily she may be surprised./ Guard her till Caesar come."]

41 ["Shall they hoist me up/ And show me to the shouting varletry/ Of censuring Rome?"]

42 ["Give me my Robe, put on my Crowne, I have/ Immortall longings in me. Now no more/ The juyce of Egypts Grape shall moyst this lip. Yare, yare, good Iras; quicke."]

Depois de asseverar sua realeza, Cleópatra prepara-se para o sono da morte. Ela volta para a cama acortinada onde diz, enquanto absorve o veneno da áspide:

> Paz, paz!
> Não vê aqui meu filho que, no seio,
> Adormece sua ama?[43]

O texto e a atuação são parte de uma única imagem dramática. A cena se inclina para uma espécie de dormência:

> Janelas, fechem:
> Febo dourado não será mais visto
> Por olhos tão reais!
> A sua coroa está torta; eu endireito, e vou brincar.[44]

Essa é a fala de Charmiana cuidando da aparência da rainha morta, distante, porém visível. A área principal do palco fica novamente livre para o retorno de César e seu séquito. Quando descobrem os mortos, a força dramática retorna à cena, em outra voz, a de César:

> ela dorme,
> Como querendo captar outro Antônio
> Na rede de sua graça.[45]

O que César diz não é só uma metáfora; é uma imagem escrita no texto e visível no palco. E é daqui que César deve levá-la:

43 ["Peace, peace:/ Dost thou not see my Baby at my breast/ That suckes the Nurse asleepe."]

44 ["Downy windows close/ And golden Phoebus never be beheld/ Of eyes again so royall. Your crown's awry/ I'll mend it, and then play."]



45 ["She looks like sleep/ As she would catch another Anthony/ In her strong toyle of grace."]

Levem seu leito,
E desta torre tirem as mulheres.[46]

Ele saúda a memória de Antônio e Cleópatra, e o cortejo fúnebre levando os mortos –

Ordem perfeita neste ato solene.[47]

– vai embora, atravessando o palco, deixando-o vazio.

46 [“Take up her bed/ And bear her women from the monument.”]
47 [“High order in this great solemnity.”]

# 5. Peças em transição (1676-1867)

Examinaremos agora alguns exemplos de um longo e confuso desenvolvimento das peças e dos teatros, começando com a grandeza do teatro elisabetano até a impressionante renovação do teatro europeu no final do século XIX e no século XX. Veremos algumas partes de três peças tal como foram representadas: *The Plain Dealer* [O homem franco] (1676), de William Wycherley; *O mercador de Londres* (1731), de George Lillo; e *Caste* [Casta] (1867), de Tom Robertson. Também iremos conferir o que aconteceu especificamente com um tipo particular de ação dramática, comparando cenas de *Hamlet*, de Shakespeare, com cenas de *A festa em Solhaug*, de Ibsen.

## *The Plain Dealer* (1676), de William Wycherley

### *Circunstâncias cênicas*

*The Plain Dealer* foi representada pela primeira vez no Teatro Real de Drury Lane, no dia 11 de dezembro de 1676. Dois dias depois houve uma nova apresentação. Desde *Antônio e Cleópatra*, o teatro inglês já havia passado por várias mudanças. Os teatros públicos foram fechados durante o período da Guerra

Civil e da República, entre 1642 e 1660. Quando foram reabertos, sofreram mudanças radicais: havia menos teatros; o público tornara-se altamente restrito, resumindo-se basicamente à corte e às pessoas próximas da corte; as companhias, antes reservadas a homens, incorporaram atrizes nos elencos. Na época da apresentação de *The Plain Dealer*, somente dois teatros funcionavam em Londres; e este, o Teatro Real de Drury Lane, fora todo reconstruído nos quatro anos anteriores.

Se olharmos para o corte longitudinal desse teatro, notaremos que palco e plateia estão praticamente no mesmo nível, assim como nas casas de espetáculo elisabetanas. O palco, porém, não invade mais o espaço do público, e os espectadores não circundam mais o palco pelos três lados. Eles passaram a ficar na frente, à mesma altura que o palco e, em alguns casos, a cavaleiro dele. No meio do palco, tendo a profundidade como perspectiva, há a boca de cena, e no espaço atrás dela – a caixa cênica – há bastidores e panos de fundo pintados. Através destes é que se tem acesso ao espaço de representação, e os

Corte longitudinal de um teatro, provavelmente o de Drury Lane; de um desenho de Sir Christopher Wren.

cenários podem ser movidos para que se revelem atores que estavam mais atrás. A maioria das entradas, no entanto, é feita pelo proscênio (na frente da boca de cena), onde há duas portas de cada lado, e, sobre elas, dando continuidade à linha das varandas, estão os camarotes que, se estiverem acima do palco, não são usados pelo público quando destinados à representação. Grande parte da peça acontece nesse palco, no proscênio, e a cortina, na boca de cena, só é fechada de vez em quando.

### *O texto*

Muitas peças da época da chamada Restauração, e certamente todas as comédias dessa época, foram radicalmente influenciadas pela relação peculiar entre as companhias de teatro pequenas e o público rarefeito e sofisticado. Havia muitas queixas de que as pessoas desse círculo usavam o teatro principalmente para encontrar seus amigos, durante as tardes, numa vida social agitada em ambientes fechados, e de que às vezes era difícil para a companhia ser ouvida por causa da conversa. Por outro lado, quando a conversa e o estilo de vida eram o assunto da peça, como no caso de *The Plain Dealer*, havia uma relação próxima e incomum entre peça e público, e, analogamente, entre texto e cena. A peça foi escrita por um homem que costumava estar naquela plateia; ele a escrevera especificamente para aquele teatro e para determinada companhia (sob o patrocínio do próprio rei, que estava presente nessa primeira apresentação).

O tema central de *The Plain Dealer* é exatamente a conversa desse mundo limitado. É uma repetição de seus estilos e maneiras. O capitão do navio, Manly, regressa das Guerras Anglo-Holandesas, despreza a lisonja e os comentários da cidade e inicia uma série de encontros que só confirmam seu desdém. O que deveria arruiná-lo em sua franqueza é, apesar de tudo, o que o salva: ele é seguido em todos os lugares por uma moça vestida de homem que o ama secreta e verdadeiramente, e que tem a vantagem de ser uma herdeira. Dessa forma, na essência e no estilo da peça, há uma combinação de franqueza com um recurso romântico que permite o improvável triunfo do herói.

*Montagem*

Agora temos condição de examinar, brevemente, o prólogo e um ato crucial da peça. O prólogo é falado pelo próprio Homem Franco com uma intensidade que ao provocar de modo claro o comportamento do público –

> Agora, sensatos juízes, que dominam os camarotes
> Desviando do bom caminho os corações e o raciocínio das damas
> E que, por elas, tudo veem e a nada ouvem –
> Arrumem os plastrões, os topetes, olhem para trás;
> Não importam as roupas e boas-maneiras da peça.
> A franqueza, vocês dirão, já está fora de moda.[1]

– introduz antecipadamente, num modo de falar mais ríspido, as provocações do personagem àquele mundo que será refletido no palco. Essa ligação da cena com o público, como uma imagem no espelho, tem como resultado consistência e força de estilo. Somente no fim é que se separa o público e a cena, e no mesmo tom crítico:

> E onde mais veríamos, além de no palco
> A agradável verdade ou a honestidade recompensada?
> Qual delas nosso ousado poeta provoca hoje em mim?
> Se não é a honestidade que seja a prosperidade:
> Amigos na corte, deixem que decida o Homem Franco.[2]

Quando a peça começa, as cortinas estão abertas e a ação é dominada por essa voz sarcástica que produz, por assim dizer, uma série de cenas que são o objeto

1 ["Now, you shrewd judges, who the boxes sway/ Leading the ladies' hearts and sense astray,/ And, for their sakes, see all, and hear no play –/ Correct your cravats, foretops, look behind;/ The dress and breeding of the play ne'er mind;/ Plain dealing is, you'll say, quite out of fashion."]

2 ["And where else but on stages do we see/ Truth pleasing, or rewarded honesty?/ Which our bold poet does today in me?/ If not to the honest, be to th' prosp'rous kind:/ Some friends at court let the Plain Dealer find."]

de tal comentário. As invectivas de Manly, direcionadas ao mesmo tempo para o palco e para o público, são os pontos em volta dos quais toda a peça se organiza.

Para mais detalhes da representação, examinaremos brevemente o Terceiro Ato. Na caixa cênica, atrás da boca de cena, há um pano de fundo pintado representando o Palácio de Westminster. Dentro da estrutura do prédio há várias pessoas pintadas representando o ambiente tumultuado. Assim, o ato é uma série de rápidos encontros – com efeito, uma espécie de desfile com comentários – nos quais os negócios e os costumes da cidade, nesse caso em torno do Tribunal de Justiça, são exibidos de forma aberta, flexível. Manly entra com Freeman e dois navegantes através de uma das portas frontais; e passa os olhos pelo cenário do palácio, sob o qual há um grupo de advogados togados (*no fundo do palco*). À medida que Freeman se aproxima deles, Manly se dirige para o público e fala sem hesitar:

> Como é duro ser hipócrita!
> Pelo menos pra mim, que [o] sou há pouco [...][3]

Fidelia, disfarçada de rapaz, aproxima-se dele na parte da frente do palco; ele dá a ela uma encomenda que deve ser entregue à mulher na qual ele ainda quer confiar, Olivia. (Na cena imediatamente anterior, vemos Olivia trapaceando com Novel e Plausible, no local que se convenciona ser uma sala, com portas e janelas acima do palco, mas onde, ao mesmo tempo, Manly e Freeman podem entrar e *ficar atrás*, ouvindo secretamente, sem serem vistos. Apesar dos maiores detalhes na cenografia, a versatilidade de espaço do palco elisabetano ainda é adotada. Portanto, temos aqui mais um recurso, um tipo de disfarce óbvio, embora se trate de uma atriz vestida de rapaz.) Quando Manly se aproxima do palácio *no fundo do palco*, na direção do palácio onde uma multidão de figurantes ainda está presente, Fidelia volta-se sozinha para o público e fala sobre sua própria situação.

Dessa maneira, as relações dramáticas essenciais da peça são apresentadas. O que está sendo incessantemente mostrado é o movimento tumultuoso da vida londrina, representada num pano de fundo do qual surgem personagens para descrever e revelar a si próprios, basicamente em relação a Manly e Fidelia, até aqui

3 [“How hard it is to be a hypocrite!/ At least to me, who am but newly so ...”]

isolados, os quais podem falar de seus próprios sentimentos diretamente para o público. Essa movimentação a um só tempo rápida e complicada se sustenta de forma brilhante. Assim sendo, quando Fidelia sai, entra a Viúva Blackacre

> [*no meio de meia dúzia de advogados, ouvindo os sussurros de seu companheiro vestido de preto;* JERRY BLACKACRE *segue a multidão.*][4]

Os personagens se separam – Sargento Ploddon, Doutor Quaint, Petulant – e depois se juntam de novo – todos na correria, a bolar planos e petições. Outro advogado, Buttongown, cruza o palco *às pressas*, mas é seguido e apanhado por Viúva Blackacre, e ainda consegue escapar de novo. Major Oldfox e o garoto do livreiro passam na mesma correria de cálculos e vendas. Enquanto Viúva Blackacre conversa com eles, mais uma vez,

> [*Várias pessoas cruzam o palco.*][5]

ao que ela entra numa nova busca de Fulano-dos-anzóis-carapuça. A correria continua entre Manly, Oldfox e os dois Blackacre. Todos eles, um em cada ponto, estão gastando e orçando no complicado negócio, exceto Manly, que aponta o que estão fazendo. No meio da correria incessante da cidade, um advogado e um almotacel atravessam o palco apressados, só parando porque, supostamente, seriam questionados por Manly.

> ALMOTACEL: Senhor, digo que os negócios devem ser feitos.
> [*Vários estão cruzando o palco.*]
> ALMOTACEL: E há um funcionário do Tesouro com o qual tenho coisas pendentes.
> [*Sai o* ALMOTACEL][6]

4 [“*in the middle of half a dozen lawyers, whispered to by a fellow in black.* JERRY BLACKACRE *following the crowd*”]

5 [“*Several cross the stage*”]

6 [“ALDERMAN: Business, sir, I say, must be done// [*several crossing the stage*]// ALDERMAN: And there's an officer of the treasury I have an affair with.”]

Manly, sozinho na frente do palco com Freeman, enquanto a correria atrás deles continua na mesma, absorve toda a experiência de uma única vez:

> MANLY: Agora você vê o significado da vigorosa amizade do mundo; no que resultam as cortesias, os abraços e as declarações fartas e abundantes: não acredite num amigo fingido mais do que num inimigo que ameaça; da mesma forma que um homem não te machuca quando diz que te causará algum mal, pode ver que nenhum homem é seu servo quando diz ser.[7]

Por fim, virando-se para trás na direção do palco ainda repleto de gente, com o pano de fundo pintado – os personagens reais mesclando-se aos personagens pintados –, Freeman faz um último comentário:

> FREEMAN: Há três ou quatro mil anos, pode ser que alguém tenha jantado neste palácio.[8]

Depois eles saem, e Manly diz uma frase rimada; com isso, o que fora articulado como uma descrição do mundo também foi passando, como se fosse um caleidoscópio, diante de nós, mediante a unidade entre texto e cena.

## *O mercador de Londres* (1731), de George Lillo

### *Circunstâncias cênicas*

Cinquenta e cinco anos depois, no mesmo teatro de Drury Lane, *O mercador de Londres* entra para o repertório inglês no qual figurará regularmente pe-

7 ["MANLY: You see now what the mighty friendship of the world is, what all ceremony, embraces, and plentiful professions come to: you are no more to belive a professing friend than a threat'ning enemy; and as no man hurts you, that tells you he'll do you a mischief, no man, you see, is your servant who says he is so."]

8 ["FREEMAN: Three or four hundred years ago, a man might have dined in this hall."]

los próximos cem anos, após sua primeira apresentação, no dia 22 de junho de 1731. Há uma continuidade importante entre o teatro de Wycherley e o de Lillo, mas também algumas mudanças. O proscênio foi recuado com o intuito de ceder mais espaço para os assentos na plateia, e agora só há duas portas de entrada embaixo dos camarotes, nivelados com a frente do palco. O público ainda chega bem perto do palco, e ainda é frequentemente barulhento; há muitas histórias de brigas e tumultos nos teatros. Não há mais aquela relação íntima entre o público e a corte, mas o teatro continua sendo um mundo da moda, agora expandindo-se e incluindo crescentemente pessoas da classe média bem-sucedida. Há mais casas de espetáculo, que também abrigam jogos, construindo uma atmosfera de agitação, aliada à plateia mais variada e mais numerosa.

### *O texto*

*O mercador de Londres* surgiu no meio desse período intenso de atividades e apresentações. Seu traço principal é dado já no prólogo:

> A Musa da Tragédia, sublime, encanta-se por mostrar
> príncipes aflitos e cenas do real pesar
>
> [...] Perdoe-nos, então, se tentarmos mostrar
> em estilo dissonante, uma história de desgraças da vida privada.
> Este é nosso tema: um aprendiz londrino, arruinado.[9]

Embora se saiba que a peça seja tributária de uma antiga balada de 1587, um conto moral para aquele exato momento é o que se vê abertamente em cena. George Barnwell, o aprendiz, se afasta da influência de seu chefe, Thorowgood,

9 ["The Tragic Muse, sublime, delights to show/ Princes distrest and scenes of royal woe//... Forgive us then, if we attempt to show,/ In artless strains, a tale of private woe./ A London 'prentice ruined, is our theme."]

quando seduzido pela meretriz Millwood, e é levado ao roubo e ao assassinato. Seu aprendiz companheiro, Trueman, fica com Thorowgood, casa-se com a filha dele e aparece no fim para ver Barnwell e Millwood enforcados, e se mostra angustiado, mas ainda assim emitindo a sentença moral:

> Inutilmente
> Com o coração sangrando e os olhos em lágrimas, mostramos
> Um senso humano, generoso, do pesar dos outros.
> Será só observando o que causou a ruína deles
> E, evitando tal causa – é que preveniremos a nossa.[10]

Esses são os versos formalmente definidores. O corpo da peça está em prosa, mas não se trata do estilo vigoroso e direto de Wycherley, e sim de uma prosa teatral bem pensada, que projeta e descreve sentimentos. A escrita e a cena têm essa qualidade comum, e podemos percebê-la ao analisar o último ato.

*Ato V*: O palco está vazio quando aparece um pano de fundo pintado, logo atrás da boca de cena. Estamos na sala de uma prisão. Esse método de estabelecer os lugares agora é usado com mais frequência do que no drama da Restauração: fundos semelhantes, pintados, de uma trilha próxima a uma casa de campo e de uma *trilha fechada na floresta*, foram usados para as cenas em que Barnwell mata seu tio. Thorowgood, sua filha e Blunt entram através de uma porta no proscênio. Blunt relata o resultado do julgamento. Thorowgood demonstra que pode sentir piedade de Barnwell. Saem todos.

Não há nenhuma ação na cena. Diante de um pano de fundo apropriado, os sentimentos apropriados são expostos e descritos. Logo após, o telão é removido (a cortina principal podia ser usada como alternativa) e num outro ponto mais no fundo do palco, embora não no final, está Barnwell na frente de um cenário pintado com um calabouço. (As pinturas do calabouço e do

10 [“In vain/ With bleeding hearts and weeping eyes we show/ A human, gen’rous sense of others’ woe./ Unless we mark what drew their ruin on,/ And, by avoiding that – prevent our own.”]

muro da prisão foram compradas, o que era comum. Naquele momento já havia muitos profissionais especializados em pintar cenários.)

Vemos Barnwell lendo no calabouço. Thorowgood entra de novo, no proscênio, por uma porta. Nessa posição, ele consegue ver Barnwell de um ângulo semelhante ao do público:

> THOROWGOOD: Vejam os mais amargos frutos do detestável reino da paixão e do saciado apetite sexual – árduas reflexões, lágrimas e penitência.[11]

É um verdadeiro *tableau*; de fato, muito semelhante a uma pintura de cunho moral. Depois, Thorowgood cruza o arco formado pela boca de cena e chega até o calabouço:

> BARNWELL: Chefe! Honrado e magoado chefe, cuja bondade me encheu de vergonha milhares de vezes, perdoe esse último desrespeito involuntário, por mais que eu sinta que não o fará!
> THOROWGOOD: Não se preocupe; acredito que valeria mais a pena se você se ocupasse com a observação de si mesmo.[12]

Aqui, dois elementos da representação são usados para a demonstração moral – a "observação" e o andar convencional de Thorowgood, passando por um espaço vazio até chegar ao calabouço, sendo que não há portas se abrindo cujo barulho despertaria Barnwell para o que se supõe seria uma atenção propriamente dita. Uma mesa e uma lâmpada servem de cenário. Thorowgood e Barnwell falam de arrependimento, e então Thorowgood sai do palco. O guarda e Trueman entram, no proscênio. O mesmo processo se repete, vice-versa:

11 ["THOROWGOOD: There see the bitter fruits of passion's detested reign and sensual appetite indulged – severe reflections, penitence and tears."]

12 ["BARNWELL: My honoured, injured master, whose goodness has covered me a thousand times with shame, forgive this last unwilling disrespect! indeed I saw you not.
THOROWGOOD: 'Tis well; I hope you were better employed in viewing of yourself."]

GUARDA: Senhor, eis o prisioneiro!

BARNWELL: Trueman, meu amigo a quem eu tanto queria ver e agora que está aqui, mal consigo encará-lo! [*choro*][13]

O guarda sai de novo. Trueman observa e caminha em direção ao calabouço:

GUARDA: Oh, Barnwell, Barnwell!!

BARNWELL: Misericórdia, Deus meu! Estava preparado para a morte, não para isto![14]

Depois que eles conversam, Trueman sai, atendendo ao chamado do Guarda que está na frente do palco. Barnwell, sozinho no calabouço, confessa:

Agora sou o que fiz de mim mesmo![15]

Vemos novamente a imagem fixa em *tableau*. Trueman entra de novo junto com Maria, e a indicação se repete da frente do palco:

TRUEMAN: Minha senhora, indico-lhe, relutante, o caminho desta cena deplorável. Aqui a temível justiça mantém suas vítimas públicas. Esta é a entrada para uma morte vergonhosa.[16]

Em seguida, vão conversar com Barnwell.

Os sinos tocam, o Guarda e os Oficiais passam pela frente do palco e vão até o calabouço. Barnwell diz suas últimas palavras, caminhando do suposto espaço do calabouço até a frente do palco, acompanhado pelo Guarda, pelos

13 ["KEEPER: Sir, there's the prisoner.// BARNWELL: Trueman – my friend, whom I so wished to see! yet now he's here I dare not look upon him. *weeps*."]

14 ["TRUEMAN: O Barnwell! Barnwell!// BARNWELL: Mercy, mercy, gracious heaven! For death, but not for this, I was prepared."]

15 ["I now am – what I've made myself."]

16 ["TRUEMAN: Madam, reluctant I lead you to this dismal scene. This is the seat of misery and guilt. Here awful justice reserves her public victims. This is the entrance to shameful death."]

Oficiais, por Trueman e Maria. É a última fala convencional do arrependido condenado. Quando termina, Barnwell é levado pelo Guarda e pelos Oficiais por uma porta em um dos lados do palco, enquanto Trueman e Maria, olhando para trás, passam pela outra.

Então, a cena do calabouço é retirada e, atrás dela, *no ponto mais ao fundo do palco*, está o lugar da execução, com uma forca montada e uma multidão reunida. Lucy e Blunt entram por um dos lados no proscênio; do outro lado, entram Barnwell e Millwood, escoltados e com o carrasco, depois de ouvirem o grito de alerta. Com o cenário pintado já preparado, a descrição é feita mais uma vez:

> BARNWELL: Veja, Millwood: nossa jornada chegou ao fim.[17]

Eles permanecem na frente do palco com a forca ao fundo, e falam da possibilidade de misericórdia. Depois, enquanto são conduzidos até o fundo do palco para a execução, Trueman entra, e ele e Lucy tornam-se os responsáveis pela descrição física e moral do que acontece atrás deles. Em seguida, fecha-se a cortina do proscênio, no momento exato antes da execução, e Trueman dirige-se à plateia com sua moral:

> [...] será apenas observando o que causou a ruína deles
> E, evitando tal causa – é que preveniremos a nossa.[18]

## *Caste* (1867), de T. W. Robertson

De diferentes formas, tanto *The Plain Dealer* quanto *O mercador de Londres* mostram a persistência de convenções dramáticas e teatrais mais antigas – a possibilidade de o palco acolher diferentes localizações; a versatilidade de convenção das falas, possibilitando elementos tais como comentários e discurso

17 ["BARNWELL: See, Millwood, see, our journey's at an end."]

18 ["... Unless we mark what drew their ruin on/ And, by avoiding that – prevent our own."]

direto (dentro de um processo de adaptação a formas específicas, baseadas nas estruturas de sentimento); o estilo de discurso da Restauração, com seu ceticismo radical embutido nos temas centrais da peça; a moralidade sentimental do primeiro drama burguês, combinando a interpretação da intransigência com as cenas do sofrimento do indivíduo. Essa mistura de elementos é evidente nas estruturas arquitetônicas de transição dos teatros: a boca de cena, mas também o proscênio, embora de tamanho reduzido; os cenários pintados de maneira elaborada, mas ainda temporários e móveis, possibilitando uma constante mudança de um lugar para o outro. O contraste estrutural mais significativo entre *The Plain Dealer* e *O mercador de Londres* é o uso cênico do proscênio e da mobilidade na peça de Wycherley, e a mudança em direção a uma série de quadros ou *tableaux*, descritos e isolados, na peça de Lillo. Na época de *Caste*, de Robertson, essa mudança estrutural foi levada além, e a arquitetura do teatro foi adaptada para que se adequasse aos *tableaux* seriados.

## *Circunstâncias cênicas*

*Caste* foi apresentada pela primeira vez no antigo Prince of Wales's Royal Theatre [Teatro Real do Príncipe de Gales], num sábado, dia 6 de abril de 1867. O teatro passava por um período de rápida expansão, levando muitas criações mais antigas a um novo sucesso. Diversos teatros estavam sendo construídos em Londres; o próprio Teatro Real tinha acabado de ser reconstruído. O público era bem maior e quase todo formado pela classe média. O horário de apresentação foi mudando ao longo do tempo: na Restauração, as apresentações aconteciam à tarde; no século XVIII, no final da tarde e início da noite; posteriormente, à noite. As peças eram encenadas em temporadas de algumas semanas, e depois geralmente saíam em turnê por uma série de teatros de província.

Dentro do teatro, os bancos da plateia foram substituídos por poltronas, e uma orquestra passou a ocupar o espaço entre a primeira fila e o palco. A constante tensão existente na parte do palco chamada proscênio fez com que a ação recuasse para trás, para dentro do que conscientemente se estabeleceu como a moldura. A plateia é muito mais ampla em sua totalidade, erguendo-se em várias fileiras de camarotes e galerias. No palco, a decoração teatral se transformou em cenário tal como conhecemos: um lugar fixo, construído elaboradamente e mobiliado. A iluminação a gás, desde 1820, permitiu um controle mais seletivo e aprimorado de sua luz. Os atores, no cenário que fica na caixa cênica, estão atrás de uma ribalta mais elaborada, num *tableau* iluminado e observado por uma plateia intencionalmente separada e posta no escuro. O diretor cênico, cuja invenção é atribuída a Robertson, uma espécie de precursor de diretor ou encenador, aparece aqui.

*O texto*

*Caste* é escrita em três atos: o terceiro ato repete o cenário do primeiro. Tanto o caderno de direção quanto o texto publicado estão repletos de indicações detalhadas das cenas, dos acessórios, dos figurinos e dos efeitos. O caderno começa com gráficos detalhados dos "interiores", com um sistema de numeração de portas e "encaixes" (as marcações dos cenários móveis). Com essas anotações, Robertson determina a posição exata dos atores em pontos específicos do palco, em praticamente cada um dos movimentos da ação e, principalmente, na realização dos *tableaux* de abertura e encerramento:

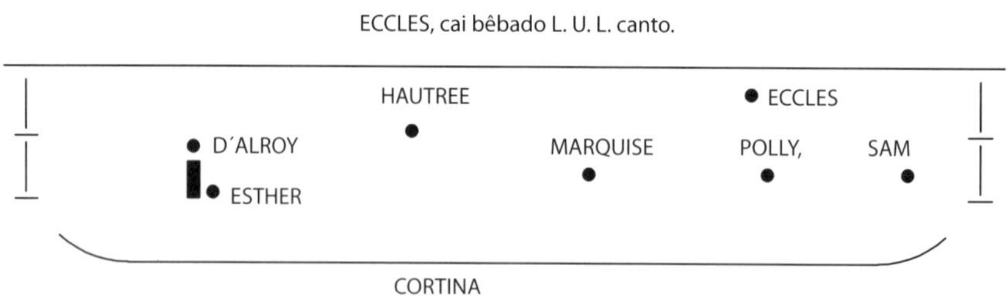


Na medida do possível, cada detalhe físico e visual da encenação fora rigorosamente descrito.

D'Alroy, um oficial aristocrático, corteja Esther, uma atriz filha de Eccles, um trabalhador desempregado e ébrio; casa-se com ela, deixando a sua própria mãe, a Marquesa, indignada. Boatos correm de que ele morreu em serviço na Índia. Eccles gasta o dinheiro deixado para Esther. Esta, agora com um filho de D'Alroy, fica pobre, volta a morar com o pai e acaba retornando para o teatro. Sua irmã, Polly, que havia flertado com Hautree, amigo de D'Alroy, casa-se com um encanador, Sam Gerridge. Imprevistamente, D'Alroy retorna vivo; seu retorno e a criança fazem com que a Marquesa se reconcilie com o casamento. Esses são os problemas da "casta" e das relações entre reprodução natural e oficial.

A peça é escrita como uma imitação detalhada de uma conversa, especialmente no que se refere ao contraste das pronúncias. Em algumas passagens mais "explicativas", o texto se interrompe em exclamações sobre casta, um pouco ao estilo de Lillo. No entanto, de modo geral, a peça é escrita para se enquadrar nos figurinos e no cenário prescritos, bem como em um gestual representativo, numa completa imitação do que podia ser reconhecido como comportamento característico.

### *Montagem*

Examinaremos o final do primeiro ato. Podemos considerar a representação exatamente como Robertson a escreveu:

[*Batida na porta, fora.*]

SAM: Ei! Você devia abrir a porta! É o carteiro.
SALLY: [*para a janela*] Não, não preciso! [*Abre a janela*] Ei, carteiro! Aqui! [*Recebe a carta pela janela*] Ah, obrigada! [*Volta para o centro*] É para você, Esther! [ESTHER *se levanta*]
ESTHER: Para mim? [*Pega a carta, esquerda centro frente*] É de Manchester. [*Abre a carta*]
D'ALROY: Manchester?

ESTHER: Sim, fui escolhida para o papel. Quatro libras!

D'ALROY [*repentinamente*]: Esther, não vá! Fique aqui e seja minha esposa!

ESTHER: Sua esposa! [*Quase caindo nos braços dele, mas recua*] O que o mundo – o seu mundo dirá?

D'ALROY: Que se dane o mundo! [*Abraça-a*] Meu mundo é você! Fique comigo, sra. D'Alroy!

SAM [*para* POLLY]: Senhorita Eccles, deixe-me ir!

POLLY [*volta para a porta R.2 E; provoca Sam com a chave*]: não – não – não – não – não – não!

[SAM *para a janela central, fundo do palco, salta para fora*]

POLLY: Oh, Sam, meu querido! Você vai quebrar seu pescoço! [*Para a janela*]

SAM: [*visível além da janela, olha pelas grades, ri*]: Aaah!

[*Trinco da porta R.2 E balança. Depois, batidas.*]

[ESTHER *sai dos braços de* D'ALROY, *se arrepia, vai pegar a chave com* POLLY, *atravessa até R.2 E, para, abre a porta, atravessa até a mesa, esquerda*]

[ECCLES *entra por R.2 E, bêbado, chapéu na nuca etc., cambaleia à direita até a cômoda, em 1 E olha em volta meio "na lua".*]

Cortinas se fecham:

Eccles-Polly-Sam-Esther. D'Alroy
(R)-(Janela)-(3 E do lado de fora)-(Esquerda Centro)

[*Quando a cortina se abre novamente,* ESTHER *está ao lado de* D'ALROY, POLLY *fecha a janela para evitar que* SAM *olhe para dentro.*][19]

19 "[*Knocks off.*]// SAM: There! Thou must open the door – it's the postman// SALLY: [*to window*] No, i needn't! [*Lifts window*] Here, postman, this way! [*Receives letter at window*] →

*Comentários*

Como peça, embora de grande sucesso e influência, *Caste* é uma combinação curiosa de um texto teatral arrematado com um texto dramático essencialmente incompleto. Na realidade, os movimentos prescritos minuciosamente, com ajuda dos numerosos ensaios precisos, criam uma ação que supre a limitação da fala apenas como informação e exclamação, tornando-a parte da conformação total de um comportamento característico. Isso representa a plena chegada do naturalismo teatral, mas não ainda do naturalismo dramático, que teve de esperar por mais alguns novos e grandes escritores. O que deve ainda ser dito, entretanto, é que Robertson assume e enuncia plenamente sua forma. Como veremos, isso não acontece sempre em casos posteriores, em peças muito mais importantes sob outros aspectos. O interessante em *Caste* é que Robertson prenuncia em sua escrita – no momento exato em que inventa a direção cênica – as instruções detalhadas para a representação, o que posteriormente ficaria a cargo de uma figura nova, separada – a saber, o encenador ou diretor.

→ Oh, thank you! [*Comes down centre*] It's for you, Esther!// [ESTHER *rises*]// ESTHER: For me? [*Takes letter, left, centre, front*] From Manchester. [*Opens it*]// D'ALROY: Manchester?// ESTHER: Yes, I've got engagement. Four pounds!// D'ALROY [*suddenly*]: Esther, you shan't go! Stay with me and be my wife!// ESTHER: Your wife! [*About to fall in his arms, but shrinks away*] What will the world – your world say?// D'ALROY: Damn the world [*Embraces her*] You are my world! Stay with your husband, Mrs. D'Alroy!// SAM [*para* POLLY]: Miss Eccles, let me out!// POLLY [*volta para a porta R.2 E; provoca Sam com a chave*]: Shan't – shan't – shan't – shan't – shan't – shan't – shan't!// [SAM *to window, centre in (flat) back wall, leaps out*]// POLLY: Oh Sam, Sam! dear Sam! You'll break your neck! [*To window*]// SAM: [*looks through railings, visible beyond window, laughs*]: Aaah!// [*Latch of door R.2 E shaken. Then, knock on it.*]// [ESTHER *starts from* D'ALROY'S arms, *shudders, goes up to get key of* POLLY, *crosses to R.2 E, pauses, unlocks door, then across to table, left*]// [*Enter* ECCLES *R.2 E, drunk, hat on back of head, etc. staggers down right to chest of drawers at 1 E looks around "mooning"*]// *Curtain on:// Eccles-Polly-Sam-Esther. D'Alroy//* (R)-(Window)(3 E without)(Left Centre)// [*If the curtain is called up again* ESTHER *in by* D'ALROY, POLLY *pulls window down to prevent* SAM *looking in.*]"

## *Hamlet* e *A festa em Solhaug*

Antes de prosseguirmos em nossa exploração e analisar a encenação de Stanislavski para a peça *A gaivota*, de Tchekhov, será útil vermos o que aconteceu com um outro tipo de ação dramática que, de certo modo, une o teatro elisabetano ao naturalista; o interesse específico nesse tipo de ação se deve ao fato de ela ser parte, em sua forma tardia e decadente, dos primeiros trabalhos do gênio da dramaturgia que, ulteriormente, criou o verdadeiro drama naturalista: Henrik Ibsen. As cenas são a do duelo em *Hamlet* (em edições modernas, parte do Quinto Ato, Cena II, linhas 212-348) e a cena do cálice em *A festa em Solhaug*.

### *A cena do duelo em* Hamlet

A cena em *Hamlet*[20] começa com um tipo de ação de que já vimos vários exemplos. Cláudio junta a mão de Hamlet à de Laertes, e ambos começam a falar, alternadamente, de modo formal. Nesse ponto, a totalidade da ação está no diálogo. Essa ação demonstra um padrão utilizado na peça como um todo, tal como esta cena enfatiza: não apenas especifica a situação presente, como também reúne tudo aquilo que de importante a precedeu, lançando uma luz sobre o que virá. O conjunto do que já se passou aparece na seguinte fala de Hamlet:

> Se Hamlet estava fora de si mesmo
> E sem estar em si fere Laertes,
> Então Hamlet não foi, Hamlet o nega.
> Quem foi, então? Foi a loucura dele.
> E se assim é, Hamlet foi agravado.
> A loucura também é sua inimiga.

20 Todas as citações usadas neste texto são de SHAKESPEARE, William. *Hamlet*. Tradução de Millôr Fernandes. Porto Alegre: L&PM, 2007.

Não se trata de um discurso para se justificar (como o dr. Johnson o interpretou, desejando que Hamlet tivesse uma desculpa melhor), mas basicamente uma fala "além do personagem": uma declaração exemplar de um elemento fundamental na peça como um todo. O retorno da enunciação direta acontece nas falas seguintes, que também dão pistas dos eventos que acontecerão logo a seguir: mais uma vez, não apenas em relação a Hamlet, mas a toda a ação:

> Senhor, diante de todos,
> Deixa que eu negue intencional ofensa,
> E que isso me absolvendo em teu espírito
> Faça crer que eu lancei minha seta
> Sobre a casa e feri meu próprio irmão

Esse elemento é concluído numa parte da fala de Laertes:

> [...] recebo essa amizade,
> Como amizade, e não lhe faltarei.

E, a seguir, na resposta de Hamlet:

> A ela eu me confio. E sem reservas
> Lutarei nesse encontro fraternal

No padrão dessas falas, a ação essencial e sua consequência são limitadas de antemão: ambas especificadas e tragicamente previstas. Nisso, o elemento da situação imediata está presente na parte anterior da resposta de Laertes:

> Mas no que diz respeito à minha honra
> Não concordo, e querendo o nome ileso,
> Não me reconcilio [...]

A estrutura geral dessas falas introdutórias contém, na verdade, todos os elementos necessários da ação.

No entanto, a cena a seguir volta-se para a encenação dessa ação; volta-se, de fato, para a *ação*, aqui num sentido diferente. A fala deixa de ser o enunciado que contém a ação, o que está escrito deve complementá-la: para pontuá-la, fazê-la avançar, e até para explicar. A ação física, dominante, está completamente separada; comenta a ação, complementa-a:

HAMLET

Que venham as espadas

LAERTES

Dai-me a minha.

* * *

LAERTES

Esta é muito pesada; dai-me uma outra.

HAMLET

Esta me agrada. São de igual medida?

Conforme as rubricas, e a fala dramática não vai além: *eles preparam-se para lutar.*

No início da cena, os acessórios haviam sido estabelecidos:

[*Entram o Rei, a Rainha, Laertes, Nobres, Osric. Vários Criados trazem as espadas e; uma mesa com taças sobre ela.*]

O rei Cláudio dá as orientações do duelo, que constituem basicamente uma explicação dos efeitos e da ação física. Enquanto ele brinda a Hamlet, "*soam as trombetas*" e o duelo começa:

HAMLET

Vamos, senhor.

LAERTES

Vamos lá, meu senhor



[*Eles lutam*]

HAMLET

Um toque.

LAERTES

Não.

HAMLET

Julgamento.

OSRIC

Um toque bem patente.

A luta de esgrima, sem dúvida, acontece habilmente; o ator elisabetano foi treinado para tal. Além disso, a própria luta é, aqui, uma exibição suficiente. No momento em que o toque é anunciado, efeitos o sublinham (nas instruções alternativas: *Soam as trombetas. Ouvem-se, fora, marchas e tiros*). E então Cláudio coloca veneno na taça:

REI

[...]

Hamlet, a ti

Dou esta pérola. À tua saúde

Mas o vinho não seria bebido imediatamente:

HAMLET

Quero primeiro o assalto. Ponde-a ali.

Um momento

[*lutam*]

Outro toque. O que dizes?

LAERTES

Um toque. Eu o confesso.

Toda a fala continua sendo um comentário, na passagem em que a Rainha oferece seu lenço a Hamlet e depois pega a taça envenenada.

REI

[*à parte*]

A taça envenenada! Agora é tarde…

A Rainha, que bebera da taça e agora enxuga o rosto de Hamlet. Então:

HAMLET

Vamos, Laertes, ao terceiro […]

LAERTES

[…] Vamos!

Mais uma vez, tal como prescreve a rubrica: *eles tornam a lutar.*

OSRIC

Nada de um ou outro.

LAERTES

Vou atacar!

[*Laertes fere Hamlet; e depois, na confusão, trocam de espadas.*]

REI

Separai-os. Enlouqueceram!

HAMLET

Não; de novo!

[*Ele fere Laertes. A Rainha cai.*]

OSRIC

A Rainha – socorrei-a!

Envenenada após beber da taça, a Rainha cai; com isso, a ação muda de rumo novamente. Laertes e Hamlet estão sangrando, e Laertes retoma a fala que prenuncia as ações, como no início da cena:

LAERTES



Qual caçador

Que cai no laço que ele próprio amarra,
Mata-me com justiça a própria insídia.

Mas a situação em cena já está tão confusa que a fala dramática ainda deve ser explicativa:

RAINHA
Não! O vinho!
O Vinho, o vinho, meu querido Hamlet!
Estou envenenada
[*Morre*]

Laertes explica o florete envenenado e fala da troca; e então:

LAERTES
[...] Eu não posso mais
O Rei, o Rei é o único culpado.
HAMLET
A ponta também está envenenada!
Então, veneno, faz o teu serviço!

Hamlet *fere o Rei* e força-o a beber o restante do vinho envenenado. O Rei morre, e Laertes comenta:

LAERTES
Fez-se justiça
É um veneno por ele preparado

A ação física, juntamente com a fala agindo como comentário, está agora completa; em seu lugar, toda a ação dramática retorna com as palavras de Hamlet (retomando a fala que contém a ação):

[...] A vós, tão pálidos
E trêmulos diante desta desgraça,
Só testemunhas mudas deste ato,
Tivesse eu tempo – mas o duro braço
Da morte é tão severo – eu contaria...
Mas seja tudo como for [...]

A fala e a ação que incorporam a morte de Hamlet são mais uma vez unificadas. O ritmo do verso se dá juntamente com a respiração ofegante, mas a ação, agora, é configurada pelo simples movimento da fala dramática:

[...] Se um dia me estimaste,
Transfere um pouco essa felicidade
E arrasta o teu alento pelo mundo
Pra contar minha história.

* * *

[...] Mas auguro
Que a eleição será de Fortinbrás.
Dou-lhes o meu voto, embora na agonia
Diz-lhe o que se passou e as ocorrências,
Que me envolveram. O resto é silêncio.

HORÁCIO
Partiu-se agora nobre coração.
Boa noite, doce Príncipe. E que os anjos
Venham em coro lhe embalar o sono.

Embora a fala contenha a ação, temos aqui, mais uma vez, a concentração proposital de sentimento e padrão rítmico, que tanto já fora ressaltada no drama mais antigo. O que importa nesse momento é distingui-la do tipo de fala que a precedeu, nesta cena.

Os críticos modernos costumam dizer que a diferença entre o drama moderno e as formas mais antigas é que, no primeiro, as instruções de movimento cênico são impressas em separado, nas rubricas ou nos cadernos de direção, ao passo que, no segundo, elas são geralmente ditas em voz alta. Mas esse tipo de diferenciação provém de uma ideia bem específica de *ação*; nesta cena de *Hamlet*, foi possível percebermos dois tipos de "ação falada": uma é um comentário sobre uma ação dela separada e que algumas vezes serve como "direção cênica falada"; a outra é uma forma de *fala encenada*, seguramente contendo a ação e, nesse sentido, um tipo de "direção cênica", mas porque fala e ação são uma coisa só, essencialmente diferente do que hoje se entende por "rubrica" [*stage direction*]. Nas peças mais antigas, a ação não é dita em voz alta como um tipo de recurso atabalhoado, mas sim porque a fala é a ação, e a ação é a fala. Somente quando a ação torna-se separada, uma coisa em si mesma, é que se pode falar em "direções cênicas faladas", as quais são definidas de maneira mais apropriada como comentário. Essa célebre passagem em *Hamlet* demonstra muito bem um elemento da cena do qual muito ainda se ouvirá falar: a ação espetacular, que foge da fala e é separada do padrão verbal; e quando isso começa a acontecer, tanto a ideia de "direção cênica" quanto a ideia inteira de fala dramática passam por uma mudança de longo alcance. Em *Hamlet*, ainda é um interlúdio da ação espetacular, controlada consideravelmente pelo tipo diferente de ação dramática que a cerca; nos anos seguintes, contudo, o interlúdio viria a se tornar por vezes o elemento dominante do drama como um todo.

### *A cena do cálice em* A festa em Solhaug

Precisamos examinar apenas de maneira breve uma cena de *A festa em Solhaug* – uma das primeiras peças de Ibsen que, naturalmente, de modo algum representa o que há de melhor em seu trabalho. A peça foi montada pela primeira vez no pequeno palco do teatro de Bergen, Noruega; o cenário representa o *hall* de Solhaug. Há um pano de fundo com a paisagem de um fiorde e, paralelo a ele, na frente, um muro pintado, formando um corredor com uma entrada central. Há painéis pintados na saída para os bastidores, e mesas em cada lado. A mesa da direita fica ao pé da janela de uma sacada. A cena se dá num ambiente semiescuro, iluminado por algumas lamparinas; falta pouco para amanhecer, e no final do ato nascerá o sol, iluminando todo o *hall*. Os atores vestem roupas medievais.

Os personagens nesta cena são Margit, esposa de Bengt Gauteson, dono de Solhaug; sua irmã, Signe; Gudmund Alfson, parente deles; e um guarda real. No entanto, é *quase* possível dizer que o protagonista da cena é o cálice herdado por Margit.

Gudmund e Margit são jovens; há alguns anos, antes de Gudmund ir embora, os dois brindaram no mesmo cálice pelo retorno feliz de Gudmund. Nesse ínterim, porém, Margit casou-se com o velho "rei da montanha", Bengt Gauteson, "pelo ouro dele". Agora Gudmund retornou e mostrou a Margit um frasco com veneno que supostamente seria usado para assassinar o rei da Noruega, num plano feito por um jovem cavaleiro e uma princesa que o amava, mas estava prometida para o rei. No Segundo Ato, Gudmund pega o frasco novamente com o intuito de jogá-lo fora, mas Margit o retira de suas mãos; pretendendo jogá-lo fora ela mesma, acaba por escondê-lo. Então, no Terceiro Ato, Bengt, o marido, enquanto atormenta Margit mencionando o amor de Gudmund, pede que ela encha o cálice com vinho. Ela o faz, mas, dado que o ataque do marido continua, *pega inadvertidamente o frasco com veneno*.

> BENGT: Ah, não pode ser que Gudmund até me olhe torto quando eu tiver você em meus braços; mas não tenho dúvidas de que ele logo irá superar.
> MARGIT: Isso é mais do que uma mulher pode suportar. [*Coloca o conteúdo do frasco no cálice, vai até a janela e joga fora o frasco.*][21]

Ela hesita por um momento, mas acaba dizendo que a bebida está pronta e sai. O cálice está em cima da mesa sob a janela. Bengt vai até ele, segura-o e leva-o até a boca.

21 ["BENGT: Ha, it may be that at first Gudmund Will look askance at me when I take you in my arms; but that, I doubt not, He Will soon get over.// MARGIT: This is more than a woman can bear. [*She purs the contents of the phial into the goblet, goes to the window, and throws out the phial.*"]

De repente, no entanto, entra o guarda real para dizer a Bengt que um grupo armado de inimigos se aproxima da casa. Bengt repousa o cálice sobre a mesa e sai às pressas para o fundo, junto com o guarda real, para pegar suas armas. O *hall* fica vazio por um momento e depois, pela porta perto da mesa, entram Gudmund e Signe. Estão apaixonados, mas ele foi declarado um "fora da lei" e deve deixar o país, e Signe corre o risco de ser capturada pelo líder do grupo armado que se aproxima da casa, que a quer como esposa. Eles concordam em fugir juntos, mas antes Signe quer fazer um brinde de despedida com sua irmã Margit. Então, ela pega o cálice da mesa, e Gudmund aceita beber com ela.

Quando estão prestes a beber, Gudmund reconhece o cálice em que ele e Margit beberam na separação anterior. Ninguém mais deve beber daqui, diz ele, passando pela mesa até chegar à janela por onde esvazia o cálice. Depois, ele e Signe se preparam para fugir, mas, antes de saírem, entra Margit do lado oposto. Gudmund ainda segura o cálice nas mãos:

MARGIT: O cálice! Quem bebeu dele?

GUDMUND [*confuso*]: Bebeu?... é, eu e Signe até que –

MARGIT [*grita*]: Meu Deus, misericórdia! Ajude, ajude! Eles morrerão!

GUDMUND [*repousando o cálice*]: Margit –!

SIGNE: O que você tem, irmã?

MARGIT [*dirigindo-se para o fundo*]: Ajudem! Ajudem! Ninguém nos ajudará?

[*O* GUARDA REAL *entra correndo pelo fundo.*]

GUARDA [*em tom apavorado*]: Senhora Margit! Seu marido...!

MARGIT: Ele – é – também bebeu...!?

GUDMUND [*para si mesmo*]: Ah! Agora entendo!

GUARDA: Knut Gesling o assassinou.

SIGNE: Assassinado!

GUDMUND [*puxando a espada*]: Não ainda, espero. [*Sussurra para* MARGIT] Não tema! Ninguém bebeu de seu cálice.

MARGIT: Graças a Deus que salvou a todos nós! [*Afunda numa cadeira à esquerda*][22]

22 ["MARGIT: The goblet! Who has drunk from it?// GUDMUND [*confused*]: Drunk –?... I and Signe – we meant –// MARGIT [*screams*]: Oh, God, have mercy! Help! Help! They Will →

Embora instrutiva, a cena pode ser interpretada quase como uma paródia. O cálice com veneno se tornou, em nossa época, um famoso clichê desse tipo de ação, praticamente uma abreviação para o melodrama. Mas se quisermos entender esse tipo de drama, devemos nos perguntar com que frequência gostamos de um filme ou de uma peça em que a ação seja essencialmente semelhante, mas cujo objeto fatal seja mais moderno, mais atual. A bomba na maleta, o tubo de ensaio com germes, a partícula radioativa – todos são, acredito, equivalentes típicos. Pois o método principal que estamos considerando é o de uma ação dramática que se separou e se tornou totalmente autônoma. É uma ação complicada e excitante; seu processo é a produção, geralmente por meio de um objeto, de uma sucessão de situações também excitantes. Para o tipo de movimento dramático que vimos encenado no teatro grego ou medieval, esse tipo diferente de movimento foi por vezes um substituto completo. As mudanças necessárias na cena de *Hamlet* – a Rainha pegando a taça destinada a *Hamlet*; a troca do florete envenenado – são do mesmo tipo que as da cena de *A festa em Solhaug*. O próprio duelo, em *Hamlet*, é a fulgurante tradução de uma guerra verbal em espetáculo físico; num nível diferente, ele representa o que já tinha sido total e substancialmente encenado, na prática. Na cena de *A festa em Solhaug*, essa substância primordial é coisa do passado. Aliás, em determinados pontos, a fala dramática é arquitetada propositadamente para aumentar a confusão. A resposta para a pergunta de Margit, *Quem bebeu dele?*, facilmente poderia ser *Ninguém. Eu o esvaziei pela janela.* O guarda real poderia muito bem ter dado a mensagem inteira, *Seu marido foi assassinado*, mas foi interrompido depois de *marido* pela fala dela – *Ele – é – também bebeu...!?* Não estou discutindo a questão tendo em vista a probabilidade, mas somente a intenção do dramaturgo. Aqui fica claro

→ die!// GUDMUND [*setting down the goblet*]: Margit –!// SIGNE: What ails you, sister?// MARGIT [*towards the back*]: Help! Help! Will no one help?// [*The* HOUSE-CARL *rushes in from the back*]// HOUSE-CARL [*calls in a terrified voice*]: Lady Margit! Your husband –!// MARGIT: He – has He, too, drunk –!// GUDMUND [*to himself*]: Ah! Now I understand –// GUARDA: Knut Gesling has slain him.// SIGNE: Slain!// GUDMUND [*drawing his sword*]: Not yet, I hope. [*Whispers to* MARGIT] Fear not! No one has drunk from your goblet.// MARGIT: Then thanks to be God, Who has saved us all! *She sinks down on a chair to the left*."]

que Ibsen quer tão somente que a fala dramática mantenha a confusão da ação em curso. E sempre que à *ação*, nesse sentido, for conferido esse tipo de prioridade, a natureza inteira do drama encenado, sem dúvida, já terá mudado radicalmente.

## 6. *A gaivota* (1898), Anton Tchekhov

*Circunstâncias cênicas*

Vamos aqui nos referir à primeira montagem feita por Stanislavski e Nemirovich-Danchenko no Teatro de Arte do Povo (conhecido posteriormente como Teatro de Arte de Moscou), cuja estreia aconteceu no dia 17 de dezembro de 1898. Tchekhov escreveu *A gaivota* em 1895, peça apresentada pela primeira vez, sem sucesso, no dia 19 de outubro do ano seguinte no Teatro Alexandrinsky, em São Petersburgo, numa produção de E. P. Karpov. Tchekhov continuou revisando a peça até sua publicação, em 1897, e nesse intervalo ela foi representada em outros teatros em diversas partes da Rússia. A encenação no Teatro de Arte do Povo, em 1898, é famosa atualmente não só por ter sido responsável pelo sucesso do texto, mas também por ter difundido amplamente um novo método de encenação. A peça permaneceu no repertório dessa primeira fase do Teatro de Arte de Moscou até 1905, ainda que com várias mudanças.

A encenação fazia parte da primeira temporada do Teatro de Arte do Povo, e foi precedida por produções de *Czar Fiodor, O sino submerso, O mercador de Veneza, Os usurpadores, A felicidade de Greta* e *Mirandolina, a hoteleira*. O trabalho do teatro foi uma contestação aos métodos já consagrados; representava, portanto, uma experiência consciente que contava com o apoio de uma minoria de espectadores, também cansada dos métodos de encenação mais correntes. O teatro moderno, muitas vezes, conseguiu achar seu espaço graças ao apoio de minorias mais esclarecidas, como acontece neste caso. Naturalmente, o público que frequentava os teatros, formado predominantemente pelas classes média e alta, já representava apenas uma fração da sociedade. O historiador do Teatro de Arte de Moscou, S. D. Balukhaty, descreve o sustentáculo do teatro como oriundo "dos círculos mais progressistas das classes média e alta", e continua:

> Por outro lado, a última década do século passado [XIX] foi notável para o despertar das classes trabalhadoras que provocaram uma grande ascensão na vida intelectual das massas do povo russo e acarretaram o crescimento do interesse pela arte entre esses grupos sociais que, até então, não demonstravam nenhum interesse nela.

Não obstante, o público da encenação com a qual nos ocupamos ainda deve ser entendido como um "público minoritário", ou seja, formado a partir de grupos específicos da sociedade. No dia 17 de dezembro de 1898, na verdade, havia muitos assentos vazios na plateia.

O palco acortinado e a plateia são do tipo que já conhecemos muito bem; a encenação, como hoje nos é habitual, foi apresentada no início da noite. O experimentalismo que se viu está completamente inserido no contexto do teatro moderno e as circunstâncias da encenação, uma vez observado o objetivo de se atingir mesmo o público minoritário, também são as que conhecemos hoje.

Quando as cortinas se abrem e as luzes da plateia diminuem, percebe-se que o palco parece ter doze metros de largura, e o cenário pintado cerca de seis metros de altura. Em seu ponto visível mais distante, o palco possui a profundidade aparente quase igual à sua altura, mas a visão de quem senta na plateia não alcança além de dois metros e meio. O cenário dos dois primeiros atos é a pintura de um parque na zona rural; há pelo menos quinze árvores, algumas visíveis de imediato e bem próximas umas das outras, cujos ramos se entrelaçam no topo do cenário, e junto dos caules há arbustos menores e uma vegetação rasteira. Mais à esquerda do palco e de frente para o público, um caminho leva ao que parece ser uma casa de campo, com uma mesa e cadeiras na frente; ela é construída com colunas bem altas, das quais cinco estão visíveis. Em diversos lugares sob as árvores há bancos de madeira, e um deles, comprido, estende-se na frente do palco, bem no centro. De frente para o banco, um pouco mais à direita do centro, há uma cortina presa entre duas árvores, com cerca de três metros de altura e dois e meio de largura. Atrás da cortina, como aparecerá posteriormente, há uma espécie de palco temporário que ajuda a compor a ação da cena e, atrás dele, a vista de um lago coberta pela cortina. No segundo ato, a pequena cortina é baixada e, logo em frente de onde ela estava, é colocada uma mesa, com um aparelho de chá e algumas cadeiras.

O terceiro e o quarto ato têm novo cenário. Para o terceiro ato, uma sala de jantar, com uma mesa posta no centro e janelas que se abrem para o jardim mais além; árvores no jardim aparecem nesse espaço. Há uma lâmpada suspensa sobre a mesa, pendurada no teto visível. Há janelas à direita e à esquerda, com outros cômodos visíveis através delas. Há também um tapete no chão, e várias outras mesas, armários e cadeiras colocados em volta, a maior parte encostada nas três paredes. Em cima das mesas e dentro dos armários há vários objetos pequenos, como lâmpadas, livros, enfeites, castiçais, e uma rede de pesca pendurada na parede. O quarto ato representa uma sala de visitas, com uma porta de entrada bem no centro, através da qual se pode ver outro cômodo. As paredes são repletas de quadros e papel de parede, há cortinas nas janelas e várias cadeiras, mesas, armários, estantes para livros, uma escrivaninha. Quatro lâmpadas estão visíveis e há um relógio perto da lareira, além de livros, papéis e materiais de escrita sobre a mesa. Sobre esse espaço, o cenógrafo escreveu:

> A sala deve conter a marca da impermanência. Do lado de fora é frio, úmido, venta; mas dentro da sala também não está quente... Comecei com os móveis, arrumando-os de todas as maneiras possíveis para que conseguisse o efeito de desequilíbrio mental, de modo que se pudesse ver imediatamente o quão indiferente é a pessoa que vive naquele lugar a partir da posição dos móveis. Se algo estiver no caminho, a pessoa tira e não se dá ao trabalho de pôr no lugar, até que alguém encontre a mesma coisa em *seu* caminho. Planejei o tipo de lugar em que qualquer um sentiria vontade de "enrolar-se num xale", como diz uma das atrizes.

Esse comentário, sem considerar especificamente sua relevância descritiva, é indício de um novo método: em sua multiplicidade de detalhes, cada peça do cenário tem a função de colaborar com a criação da "atmosfera" da peça que será encenada. O encenador também lança mão de muitos efeitos de luz e som. Por exemplo, no começo da peça:

> Escuridão, uma noite de agosto. A luz baixa de uma lamparina no topo de um poste, sons distantes de um bêbado cantando e dos uivos de um cão, o coaxar de sapos, o grito dos codornizões, o som distante dos sinos de uma igreja... Rajadas de luz e o estrondo abafado de um trovão.

De modo semelhante ao cenário, esses efeitos, escreve o encenador, "ajudam o público a captar a sensação da vida triste e monótona dos personagens". São muitos os efeitos, os quais se repetem em diversos pontos do espetáculo.

Os atores e as atrizes vestem roupas cotidianas e condizentes com os personagens que representam. A fala encenada imita o ritmo e o tom de uma conversa comum (com a única exceção de um solilóquio dramático representado como parte da ação). Analogamente às falas, o movimento e o agrupamento dos atores são a imitação das ações corriqueiras, também condizentes com os personagens e o modo de vida representados. O efeito das falas e dos movimentos, aliados a um cenário realista e a efeitos realistas de luz e som, pode ser mais bem entendido no estudo de passagens específicas da peça; antes disso, examinaremos a estrutura geral do texto dramático.

### *Texto*

O texto de *A gaivota* contém cerca de vinte mil palavras. É distribuído em quatro atos, cuja proporção aproximada é de 9:7:8:10. (Cf. *O pato selvagem*, de Ibsen, na proporção aproximada de 5:6:7:11; *Hedda Gabler*, também de Ibsen, com aproximadamente dezenove mil palavras, quatro atos, proporção de mais ou menos 10:9:6:5; *O jardim das cerejeiras*, de Tchekhov, mais ou menos com vinte e uma mil palavras, quatro atos, na proporção aproximada de 7:5:5:4; *The*

*Cocktail Party*, de Eliot, com mais ou menos trinta e duas mil palavras e três atos, sendo que o primeiro deles é dividido em três cenas, na proporção de 24 (11:4:9):12:10.) Como é praxe nos textos modernos, a fala dramática escrita é acompanhada pelos comentários parentéticos a respeito da cena, dos movimentos e do tom de partes específicas da fala. Há treze personagens com falas.

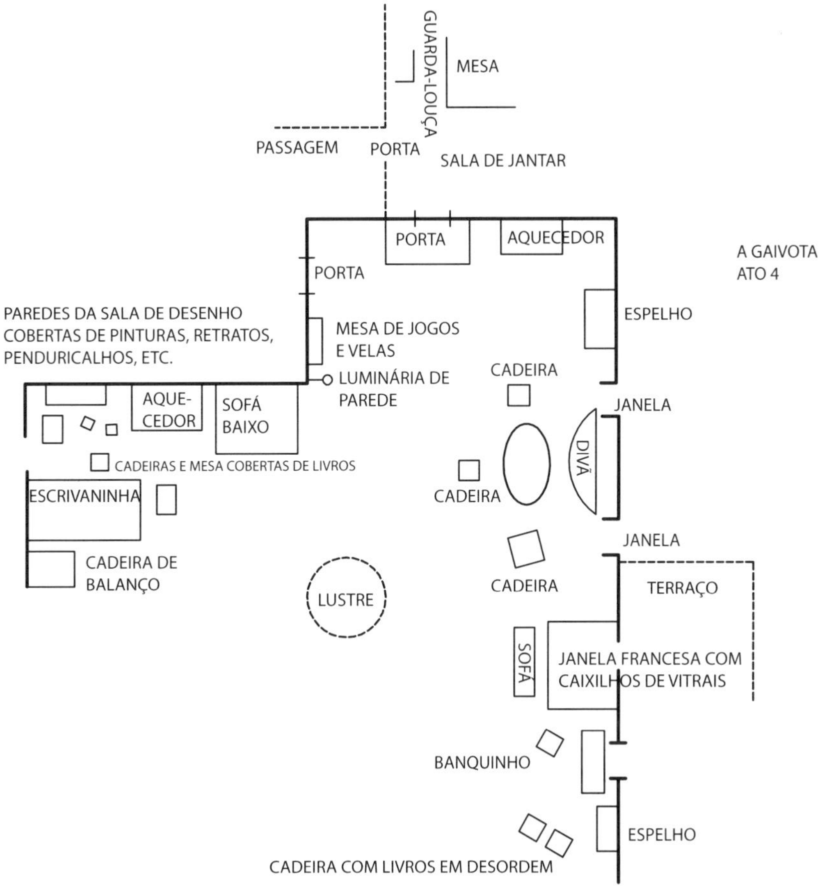


Esquema de Stanislavski para o Ato IV de *A gaivota*.

A estrutura da ação não segue nenhum padrão formal; consequentemente, é difícil apresentá-la de modo resumido. Além disso, como também é comum no drama moderno, há muitos encontros apenas aparentemente incidentais e de pouca importância, o que teve de ser omitido no resumo da ação principal, que será necessário à análise, apesar das limitações:

*Ato I*: Numa tarde de verão, a atriz Nina Zariêtchnaia representará uma peça escrita por Konstantin Trepliov. A apresentação será no parque da fazenda de Piotr Sórin, irmão de uma atriz profissional, Irina Arkádina, mãe de Trepliov. Um operário, Iákov, está preparando o palco. Entre os convidados estão Chamraiev (administrador a serviço de Sórin), sua esposa Polina, sua filha Macha; Miedviediênko, professor; Dorn, médico; Trigórin, romancista, amigo de Arkádina. A apresentação começa, mas é interrompida por Trepliov, furioso com um comentário de sua mãe. Nina vai para casa, e Trepliov sai para tentar encontrá-la. Macha, que no início do ato recusara uma proposta de casamento de Miedviediênko, confessa para Dorn que ama Trepliov.

*Ato II*: Ao meio-dia, Arkádina, Dorn e Macha estão no parque. Nina se aproxima deles junto com Sórin, e depois Miedviediênko, Chamraiev e Polina. Nina acaba ficando sozinha, Trepliov aproxima-se e coloca aos pés dela uma gaivota que ele abateu. Trigórin aparece e Trepliov deixa-o sozinho com Nina. Trigórin fala sobre sua escrita e conta para Nina a ideia de uma história: uma garota "livre e feliz como uma gaivota. Mas de repente aparece um homem, ele a avista e, por puro capricho, ele a destrói, assim como aconteceu a essa gaivota". Arkádina chama Trigórin para dentro da casa.

*Ato III*: Na sala de jantar da casa, Trepliov tentou se matar. Macha diz a Trigórin que finalmente concordou em se casar com Miedviediênko. Nina dá a Trigórin – que está indo embora – um medalhão como presente de despedida. Trepliov aproxima-se da mãe e a critica por amar Trigórin; ele mesmo ainda está desesperado por ter falhado com Nina. Trigórin aproxima-se de Arkádina e pede que ela o deixe livre para Nina. Arkádina recusa, e os dois decidem ir embora juntos. Quando já estão indo embora, Trigórin retorna por um instante e Nina lhe diz que decidira sair de casa e seguir a carreira de atriz. Eles combinam de se encontrar em Moscou, e Trigórin a beija.

*Ato IV*: Sala de visitas da casa. Dois anos se passaram. Macha irá passar a noite na casa, recusando-se, por ora, a voltar com seu marido para ficar com o bebê do casal. Sórin, gravemente doente, entra, empurrado numa cadeira de rodas, no local onde Trepliov costuma escrever. Trepliov entra e, depois de um tempo, conversa com Dorn sobre Nina, que vivera com Trigórin, tivera um filho e fora abandonada. Trepliov tinha cartas dela, assinadas como "A Gaivota". Nisso chega Arkádina, trazendo Trigórin, a quem encontrara na estação. Depois de conversarem, todos saem para jantar, menos Trepliov que fica sozinho, tentando escrever. Nina surge do jardim e os dois conversam. Trepliov pede a ela que fique com ele, ao que ela recusa – ainda ama Trigórin – e vai embora. Trepliov, de novo sozinho, rasga todos os seus manuscritos e sai para o outro cômodo. Os outros voltam, bebem e sentam-se à mesa de jogos. Chamraiev traz a gaivota, agora empalhada, que Trepliov dera para Nina; ele a entrega para Trigórin, que a tinha encomendado. Trigórin não se lembra. Ouve-se um barulho no cômodo ao lado e Dorn sai para ver o que é. Quando volta, pede que Trigórin leve Arkádina para longe – Trepliov se matou.

Isso nada mais é do que um rápido resumo da ação. Na maioria das boas peças naturalistas, e particularmente no caso de Tchekhov, um resumo assim dá a impressão de que se trata de uma peça completamente diferente. É nos menores detalhes que a ação se desenha e se desenvolve.

## Trepliov e Sórin

Meu primeiro exemplo de *A gaivota*:[1] um diálogo entre Trepliov e Sórin no qual as falas de Trepliov sobressaem tanto, que fazem da cena quase um mo-

1 As citações de Tchekhov utilizadas nesta edição foram retiradas de TCHEKHOV, Anton. *A gaivota*. Tradução e posfácio de Rubens Figueiredo. São Paulo: Cosac Naify, 2004.

nólogo. Para efeitos comparativos, é extremamente importante reparar como esse tipo de cena é representado.

Trepliov e Sórin estão discutindo sobre Arkádina e sobre a peça de Trepliov. Eles estão no banco central, logo atrás da ribalta, com toda a cena do parque atrás deles. Sórin está de costas para o público, penteando a barba. Trepliov acendeu um cigarro e está deitado no banco, olhando para a plateia, com a cabeça apoiada em uma das mãos.

> SÓRIN: Você imaginou que sua peça não irá agradar à sua mãe e logo ficou alvoroçado. Acalme-se, sua mãe tem adoração por você.

Ainda deitado, Trepliov curva-se sobre a tábua, pega uma flor e começa a arrancar suas pétalas. Sórin acaba de pentear a barba e tira o chapéu.

> TREPLIOV: Bem me quer, mal me quer, bem me quer, mal me quer, bem me quer, mal me quer. [*Ri e joga fora o que restou da flor*] Está vendo? Minha mãe não me ama. E não é de admirar! Ela quer viver, amar, vestir blusas de cores vistosas, mas eu já tenho vinte e cinco anos e, o tempo todo, a faço lembrar que não é mais jovem. Quando não estou presente, mamãe tem só trinta e dois anos mas, ao meu lado, tem quarenta e três e por isso me odeia.

Sórin agora penteia o cabelo. Trepliov traga o cigarro e bate as cinzas.

> [TREPLIOV] Ela também sabe que eu não tenho grande consideração pelo teatro. Ela ama o teatro e lhe parece que, com isso, presta um grande serviço à humanidade, à arte sagrada, mas para mim o teatro contemporâneo não passa de rotina e superstição.

Trepliov senta-se no banco, ainda encarando a plateia. Pega várias folhinhas de grama e começa a rasgá-las, nervoso. Sórin terminara de pentear o cabelo e agora começa a desfazer o nó da gravata. À medida que Trepliov continua, sua fala vai ficando cada vez mais agitada, as palavras pronunciadas rapidamente e seus gestos com a grama e com o cigarro mais violentos.

> [TREPLIOV] Quando a cortina sobe e, à luz da noite, entre as três paredes, esses talentos formidáveis, os sacerdotes da arte sagrada, representam como as pessoas comem, bebem, amam, vestem seus casacos; quando, das cenas e das frases mais banais, tentam desencavar uma moral – pequenina, fácil de entender, útil para fins domésticos; quando, em mil variantes, me apresentam sempre a mesma coisa, a mesma coisa e a mesma coisa, então eu fujo correndo, como Maupassant fugia da torre Eiffel, que lhe oprimia o cérebro com sua vulgaridade.

Sórin já refizera o nó da gravata e está recolocando-a.

> SÓRIN: É impossível viver sem o teatro.

Trepliov, meio indignado, bate na perna de maneira irritada, levanta-se e inclina-se sobre Sórin, tentando convencê-lo. Agitado, bate no peito.

> TREPLIOV: Precisamos de formas novas. Formas novas são indispensáveis e, se não existirem, então é melhor que não haja nada.

Ele mexe a mão, gira sobre a tábua do banco e começa a andar de um lado para o outro do palco, irritadiço. Há uma pausa de cinco segundos. Depois de andar de um lado para o outro, acalma-se, volta para o lugar onde estava antes, olha para o relógio e senta-se no banco com uma perna de cada lado. Sórin recolocou o chapéu e continua de costas para a plateia.

> TREPLIOV: Amo minha mãe, amo de todo o coração…

E a cena continua.

Esse exemplo é particularmente interessante porque a representação da cena, da maneira como foi descrita, não se baseia em apenas um texto, mas em dois: primeiro, o texto de Tchekhov; segundo, o "caderno de direção" [*production score*] que Stanislavski preparou para a peça. A fala dramática é de Tchekhov, mas a maioria das ações que a acompanham é de Stanislavski. No texto de Tchekhov, na verdade, há apenas três orientações explícitas de movimentos na cena que examinamos; são elas: Trepliov arrancando as pétalas de uma flor; Trepliov ri; Trepliov olha para o relógio. Essas, como vimos, são mantidas por Stanislavski. Mas o restante da ação nem sequer é indicado ou determinado pelo texto. Suas fontes são variadas: as ações de Sórin penteando a barba e o cabelo e arrumando a gravata são oriundas de um trecho anterior do diálogo:

> TREPLIOV [*ajeita a gravata do tio*]: Sua barba e seu cabelo estão muito compridos. Seria melhor aparar um pouco, não acha?
> SÓRIN [*penteando a barba*]: Esta é a tragédia da minha vida. Na mocidade, eu tinha sempre o aspecto de um beberrão, você nem imagina. As mulheres jamais gostaram de mim.

Aproveitando-se dessas orientações, Stanislavski as estendeu por toda a conversa posterior. Esse é um excelente exemplo desse método de encenação: partindo do princípio de que as várias ações dadas a Sórin são, de certa forma, baseadas na discussão anterior (ou derivadas dela), o fato é que elas continuam presentes nas longas falas posteriores de Trepliov, e assim se tornam parte da ação que acompanha *sua* fala. Dessa forma, isso ajuda a determinar o sentido do que Trepliov está dizendo. Logo, um gesto derivado de ou sugerido por uma passagem do texto é usado pelo ator em outra passagem. Dentro dessa convenção, cada movimento, gesto e agrupamento é explicativo; aqui, no entanto, essa explicação é concomitante à outra fala. O gesto de olhar para o relógio já tinha sido mencionado duas vezes; ele está ansioso e afirma que a peça não demorará a começar. O arrancar das pétalas da flor relaciona-se diretamente com a fala: "bem me quer, mal me quer". O riso surge quando a contagem mostra aparentemente que sua mãe não gosta dele. Como resultado, vê-se uma curva dramática a partir do gestual do ator que interpreta o personagem: o nervosismo durante o ato de fumar, o rasgar das folhas de grama, o andar de um lado para o outro, as posições no banco, o tapa dado na perna, as batidas com o punho no peito. É óbvio que para arrancar as pétalas de uma flor ele precisa arrancar a flor primeiro; mas todas as outras ações não derivam diretamente do texto, mas de uma ideia de seu personagem sugerida em toda a peça. Stanislavski explica:

> Não consigo deixar de pensar que Trepliov está extremamente agitado durante toda a cena. A apresentação dessa peça é, para ele, decisiva para o futuro de sua carreira. Não é à toa que ele fica tão nervoso depois de seu fracasso. Quanto mais nervoso e inseguro ele estiver agora, maior será seu estado de desespero depois do fracasso da peça.

Apesar da explicação perfeitamente plausível, esse não é o único modo de interpretar a cena. O que importa, aqui, é a sua concepção, essencialmente diferente, de ação dramática. O princípio é "o tipo de coisa que este personagem, segundo todas as probabilidades, poderia estar fazendo neste ponto", e não "o tipo de gestual que daria corpo especificamente a essa fala dramática". Assim, toda relação *direta* entre a fala e o corpo em cena foi abandonada. Em vez disso, as ações se relacionam com "o que está por trás de toda a peça", uma leitura do personagem e do tema que deve ser construída, por assim dizer, separadamente da fala dramática – o que tem consequências de enorme alcance.

Devemos ainda considerar dois aspectos. O primeiro é uma distinção entre dois tipos de "ação concomitante". Há a ação como o rasgar das folhas de grama, algo plausível quando concebemos o personagem como alguém agitado, e há a ação como o desatar da gravata de Sórin, que irá ouvir um longo discurso de Trepliov e, presumivelmente, fazer alguma coisa enquanto escuta. Em nenhum dos dois casos a ação específica é necessariamente resultante da fala; no entanto, as ações não têm a mesma relevância.

Rasgar a grama é relevante, dada a suposta agitação, mas sentar no banco, fumar etc. são simplesmente "alguma coisa que os personagens devem fazer enquanto conversam". Uma boa ilustração para isso é a descrição de Stanislavski para o ato de fumar: "uma pausa de dez segundos. Sórin se balança no banco, pra frente e para trás, e resmunga, *ou* assobia, *ou* risca um fósforo e acende um cigarro", é o que o diretor escreve em seu caderno para a cena em que Sórin acende seu cigarro. Os grifos são meus, mas são profundamente necessários para ressaltar o fato de que, não importa qual a ação escolhida, ela será simplesmente "alguma coisa que os personagens devem fazer". Há uma diferença crucial entre essa "alguma coisa a fazer" e a ação que, mesmo quando generalizada em toda a peça, é mimética no sentido de que faz ver no corpo do ator um dado estado emocional.

O segundo aspecto refere-se à fala de Trepliov em relação ao palco. Da forma como é lida no texto – posto que não é acompanhada por instruções internas e externas para a ação –, a fala pode ser interpretada de diversas maneiras. Talvez ela seja simplesmente a tagarelice inconsequente de um jovem neurótico; ou, no extremo oposto, pode ter a intenção de afirmar um ponto de vista sério sobre o drama. O fato de Stanislavski ter escolhido a primeira opção pode ser significativo, tendo em vista o argumento exposto na fala. Mas a questão é que, considerando a forma como o texto é escrito, a fala poderia ser legitimamente proferida e encenada de um modo bem diverso. Em vez de rasgar folhas de grama e conversar furiosamente, o diretor poderia facilmente ter criado uma cena bem diferente, com as seguintes instruções: *Trepliov está parado, bem calmo. Sua voz perdeu a agitação de antes e ele fala lenta e seriamente, com uma convicção verdadeira, evidente. Sórin ouve com atenção.*

Não me preocupa qual das opções é a *mais* indicada para a cena; o que quero dizer é que não há nada no texto que favoreça ou desfavoreça nenhuma das duas, mesmo que seus resultados estejam em extremos opostos. Trepliov pode estar nervoso quando fala sobre sua mãe e concentrado quando fala do teatro; ou nervoso em ambas as situações, ou simplesmente entusiasmado e animado também em ambas. E, obviamente, a escolha está longe de ter uma resposta certa; afinal, independentemente da ação escolhida – e o texto não *reforça* nenhuma –, ela determinará a essência da cena e contribuirá para o entendimento da peça como um todo. Eu diria que a fala poderia ser encenada com um movimento interno definido: o ritmo simples e restrito da contagem das pétalas; a agitação crescente do comentário sobre a mãe; a estabilização gradual e as opiniões precisas no comentário sobre o teatro; e depois a agitação do "sempre a mesma coisa, a mesma coisa e a mesma coisa", chegando ao clímax em "então eu fujo correndo".

Mas interpretar a fala em relação aos movimentos determinados precisamente pelas palavras significa, em última análise, dar uma interpretação que



é sempre delicada de fazer. E isso se deve nem tanto ao fato de ser impossível calcar a escolha das ações em uma relação direta com a fala, mas porque a fala em si está inserida na estrutura de toda a peça e, sendo assim, é necessariamente determinada pelo seu contexto, dentro do qual nenhuma relação necessária entre fala e ação é imposta ou foi imaginada.

### Polina e Dorn

Volto-me agora para um breve exemplo a partir do qual surge a mesma questão. O trecho mostra de forma clara o contexto da peça, ao qual acabei de me referir. Trata-se de um episódio entre Polina, esposa de Chamraiev, e o médico, Dorn. Eis o texto (Ato II):

> POLINA [*com ar de súplica*]: Ievguiêni, querido, adorado, leve-me com você... O nosso tempo está passando, já não somos jovens. Se pelo menos no fim da vida pudéssemos não fingir, não mentir...
>
> [*pausa*]
>
> DORN: Tenho cinquenta e cinco anos, é tarde demais para um homem mudar de vida.

Nesse ponto, o problema das ações de Polina é bem tranquilo: ela havia acabado de dizer "Veja, estou tremendo", e o "ar de súplica" dá uma indicação geral da voz e do movimento. Mas o que deveria fazer Dorn? No texto, acredito que a pausa que ele faz antes de responder significa um índice de sua hesitação, de seu embaraço, antes de sua inevitável recusa. Isso, numa escala bem pequena, é o exemplo de uma situação que ocorre com frequência: a emoção mais fervorosa não pode ser dita, e o fato de não poder ser dita é sugerido por um momento de silêncio – o próprio silêncio, em cena, comunica algo daquilo que não pode estar na fala. O principal é que, nesse ponto, há um momento de crise, periférica ao núcleo da ação, mas relevante ao tema da peça, já que é uma variante sobre a situação de um amor ardente e suplicante que não foi bem-sucedido. Muitas coisas razoáveis podem ser ditas, mas está claro que, a partir do texto, nós não compreendemos de fato os sentimentos de Dorn – embora a pausa indique que ele não pode responder de uma vez, ou não está preparado para isso, nós não podemos dizer se é indiferença ou um distanciamento intencional ainda que cheio de pesar. Também é impossível dizer se a razão que ele dá é verdadeira, se o tom é gentil ou indiferente. O texto continua:

> POLINA: Eu entendo, o senhor me rejeita porque, além de mim, existem outras mulheres que lhe são caras. E não pode levar todas consigo. Eu entendo. Desculpe, estou aborrecendo o senhor.
>
> [*Vê-se Nina perto da casa; colhe flores*]
>
> DORN: Não é nada disso.
> POLINA: Sofro por causa do ciúme. Claro, o senhor é médico, não pode evitar as mulheres. Eu entendo...
> DORN [*para Nina, que se aproxima*]: Como estão as coisas lá dentro?
> NINA: Irina Nikoláievna está chorando e Peotr Nikoláievitch está com um acesso de asma.
> DORN [*se levanta*]: Vou dar a eles umas gotinhas de valeriana...
> NINA [*dá flores para Dorn*]: Por favor!
> DORN: *Merci bien.* [*caminha na direção da casa*]
> POLINA [*caminhando ao lado de Dorn*]: Que flores lindas! [*perto da casa, abaixa a voz*] Me dê essas flores! Me dê essas flores, já! [*de posse das flores, ela as estraçalha e joga para o lado; ambos entram na casa*]

Essa continuação da cena reforça a afirmação dos sentimentos de Polina, expressos de maneira suficiente tanto em palavras quanto em um certo tipo de ação (o gesto violento de destruir as flores). Mas e quanto a Dorn? As poucas frases que compõem sua fala são completamente descompromissadas; a única ação – ir para dentro da casa – é semelhantemente neutra, embora pudesse ser interpretada como uma tentativa de escapar de uma situação impossível. Considerando apenas o texto, na verdade, só nos é possível saber o que Dorn faz; o porquê, nunca.

No entanto, se pensarmos na encenação, essa configuração altera-se completamente. Quando Polina e Dorn ficam sozinhos, Dorn, "sem nada que fazer, sobe no banco e anda, balançando o corpo, de um lado até o outro. Polina bebe sua xícara de chá de uma só vez e fala em tom de súplica". Quando ela pede que ele a leve embora a cena continua como as notas de Stanislavski:

> Dorn caminha, vai e vem [se equilibrando] em cima do banco; Polina, falando com ele de maneira agitada, segue-o no chão. Dorn está bem calmo e sereno, ocupado com seu exercício, enquanto Polina está bem agitada.

Podemos ver que esse simples movimento em cena pode ser bem eficaz. Dorn, sem nada para fazer, pelo menos faz alguma coisa que podemos observar. Mas essas marcas criadas pelo diretor têm por objetivo enfatizar o distanciamento e a falta de interesse de Dorn. Ele continua absorto e compenetrado no que faz, enquanto Polina, tomada por seus sentimentos, corre ao lado dele, segue-o. Essa é uma pequena variação do que acontece entre Nina e Trepliov, e entre Trigórin e Nina, um aspecto que pode ser defendido facilmente. Mas o ponto importante nesse efeito é o fato de ser um efeito dramático propositadamente criado na encenação, trazendo consigo apenas uma das relações possíveis com o texto dramático.

### Trepliov e Nina

As cenas que acabamos de examinar ilustram a mesma hipótese mas, se comparadas, são possíveis exemplos desse tipo de encenação numa cena representada por duas pessoas. Em cada cena, um personagem dá o tom do diálogo, ao passo que o outro é relativamente passivo. Na cena entre Trepliov e Sórin, há pouca ação atribuída aos dois, mas não se trata apenas, como vimos, de uma questão de atribuir uma ação para um solilóquio virtual. Nesse tipo de encenação, o trabalho do companheiro de cena que ocupa o papel que chamamos de passivo ajuda a determinar o efeito da fala *do outro*; a ação de um é, de certa forma, parte da ação *do outro*. Na cena entre Polina e Dorn, o esforço em direcionar a ação do personagem principal é maior que no primeiro exemplo, porém, mais uma vez, a ação é inventada para que o coadjuvante determine igualmente a expressão de toda a cena. Os dois exemplos se parecem no sentido de que a ação continua sendo *pessoal*, todos os elementos da encenação (dentro do cenário pintado e fixo) são criados pelo próprio ator. Mas isso não acontece na encenação como um todo, e portanto devo examinar uma última cena.

A cena se passa entre Nina e Trepliov, no quarto ato. Eles acabaram de rever suas vidas, e Trepliov repetiu que a ama e que precisa dela. Eles estão na sala de visitas e Nina se apressa até a porta envidraçada, coloca o chapéu e veste o manto. Trepliov a segue:

TREPLIOV: Por quê? Pelo amor de Deus, Nina...

NINA: Meus cavalos estão à minha espera, na porteira... Não me acompanhe, irei sozinha.

A rubrica do texto nesse ponto é simplesmente "entre lágrimas". Na encenação de Stanislavski, Nina abre a porta de vidro para ir embora; ouve-se o barulho do vento entrando na sala. Então, Nina para, encosta-se no batente da porta e começa a chorar, soluçando. Trepliov, que está encostado no poste bem ao lado da porta, fica imóvel, só observando Nina. O assobio de uma rajada de vento entra pela porta aberta.

NINA: Dê-me um pouco de água...

Essa frase é dita entre soluços. Trepliov volta para a frente do palco, coloca água dentro de um copo (som do copo batendo na jarra) e dá para ela. (A única rubrica nesse ponto do texto é "dá de beber a ela".)

TREPLIOV: Para onde vai agora?

NINA: Para a cidade.

Depois da pergunta e da resposta, a rubrica só diz "pausa". Na cena criada por Stanislavski, no entanto, Nina seca suas lágrimas com um lenço e para de soluçar. Trepliov continua estático, copo na mão, encostado contra o poste, com o olhar sem vida para um ponto fixo. "É aqui", escreve em seu caderno de direção, "que ele realmente morre."

Nina volta para a sala e fala de novo sobre sua vida nos palcos. Parece que ela não se dirige a ninguém em especial, mas fala para si mesma, olhando fixamente um ponto. Trepliov está imóvel, e responde "com uma voz morta, sem vida, sem esperança". Há uma pausa de dez segundos. Depois, um barulho repentino na sala de jantar, duas ou três cadeiras sendo empurradas. Nina sai correndo até a porta. (Toda a movimentação no palco e as indicações de fala são interpretação de Stanislavski, e não do texto de Tchekhov.)

> TREPLIOV: Não vá embora, eu lhe trarei um jantar…

Essa é, segundo o diretor, a última esperança dele.

> NINA: Não, não… Não me acompanhe, eu irei sozinha… Os meus cavalos estão perto daqui… Quer dizer que ela veio com ele? Ora, tanto faz. Quando estiver com Trigórin, não lhe conte nada… Eu amo Trigórin. Eu o amo ainda mais do que antes… O tema para um pequeno conto… Eu amo, amo apaixonadamente, amo até o desespero.

"Ela abre a porta de vidro para sair; o sibilar do vento e o barulho da chuva são mais fortes que nunca", escreve Stanislavski.

> NINA: Como era bom, nos velhos tempos, Kóstia! Lembra? Que vida radiante, afetuosa, alegre, pura, que sentimentos… sentimentos semelhantes a flores delicadas, graciosas… Lembra?

Ainda de acordo com o caderno de direção, ela recita uma fala da peça de Trepliov, o que é feito concomitante ao som do vento.

> NINA: "Homens, leões, águias e perdizes, cervos de grandes chifres, gansos, aranhas, peixes silenciosos que habitavam as águas, estrelas-do-mar e criaturas que os olhos não eram capazes de ver – em suma, todas as vidas, todas as vidas, todas as vidas, depois de concluírem seu triste ciclo, se extinguiram... Há muitos milhares de anos não existe mais uma única criatura viva sobre a Terra, e esta pobre Lua acende sua lanterna em vão. No prado, os grous já não despertam com um grito, nem se ouvem os besouros nos bosques de tílias..."

As rubricas de Tchekhov nesse ponto são: "Abraça Trepliov impetuosamente e foge pela porta de vidro". Na encenação aqui em questão, primeiro ela se encosta mais uma vez no batente da porta e chora compulsivamente. Uma pausa de dez segundos, durante a qual se ouve o distante soar do sino da igreja. Nina abraça Trepliov rapidamente e depois foge. Uma parte da porta bate e quebra um dos vidros, tão intensa era a força do vento; a outra metade da porta fecha-se logo depois; o som dos passos desaparece aos poucos na estrada. Barulho de vento, soar dos sinos da igreja, batidas do vigia noturno, gargalhadas na sala de jantar. Durante quinze segundos, Trepliov fica estático, depois deixa o copo cair de sua mão. Quando fica sozinho, o texto segue com algumas rubricas:

> TREPLIOV [*após uma pausa*]: Não vai ser nada bom se alguém topar com ela no jardim e depois contar para mamãe. Isso pode deixar mamãe transtornada... [*Durante dois minutos, em silêncio, ele rasga todos os seus manuscritos e os atira embaixo da mesa, depois destranca a porta da direita e sai*]

Na encenação, isso se torna:

> Trepliov cruza o palco lentamente até a escrivaninha. Para. Vai até onde estão seus manuscritos, pega-os, segura-os por um momento nas mãos e depois rasga-os. Senta, pega um pedaço qualquer e tenta ler, mas também o rasga logo após ter lido a primeira linha. Cai em devaneios novamente, esfrega a testa desconsolado, olha em volta como se procurasse alguma coisa, fita por um instante o monte de manuscritos sobre a mesa e começa a rasgá-los lenta e cautelosamente. Junta to-

> dos os pedaços e os leva até a estufa (som da estufa se abrindo). Joga os pedaços lá dentro, apoia-se nela com uma das mãos esperando que as chamas destruam seu trabalho. Então, dá meia-volta, começa a pensar em algo, esfrega a testa, corre até a escrivaninha e abre uma das gavetas. Pega um monte de cartas e atira todas no fogo. Distancia-se da estufa, pensa por um instante, olha em volta da sala mais uma vez – e sai, pensativo, sem pressa.

Os outros retornam e Trigórin recebe a gaivota; alguns segundos depois ouve-se um tiro, e Trepliov morre.

O efeito dessa cena é poderoso, e a análise está virtualmente explícita nas notas do encenador. Três coisas devem ser consideradas. Primeiro, a presença de comentários como "é aqui que ele realmente morre" no caderno de direção de Stanislavski. Obviamente não se trata de instruções ou marcações cênicas no sentido usual; são comentários gerais sobre sentimentos, que não possuem nenhum equivalente em palavras ou ação, mas que informam o ator sobre uma partitura de emoções em toda a cena. Segundo, é claro que certos efeitos – o vento e a chuva, o sino da igreja, a quebra do vidro da porta – têm um papel essencial, embora não se originem no texto da peça, mas, como a cenografia, de uma concepção de sua *atmosfera*. Terceiro, a crise de Trepliov, quando rasga os manuscritos, é representada sem fala; tanto o texto quanto o caderno de direção prescrevem isso, e o último decompõe, em muitos detalhes, a ação indicada em linhas gerais pelo texto – e, até certo ponto, simplifica e altera. A ação é crucial, e foi completamente separada da fala dramática.

### *Comentários*

*A gaivota* não é a melhor peça de Tchekhov, mas, assim como as primeiras peças naturalistas de Ibsen, de *Casa de bonecas* a *Hedda Gabler*, ela é uma obra de qualidade bem superior ao "naturalismo técnico" de uma peça como *Caste*, de Robertson. Ibsen e Tchekhov, além de Strindberg em peças como *O pai* e *A dança da morte*, trabalharam com a seriedade e a intensidade comparáveis à melhor literatura de sua época, e comparáveis especificamente ao romance. Ibsen e Strindberg estenderam suas obras a outras convenções dramáticas (muitas vezes prenunciando na essência o cinema), mas nesse período de apogeu do naturalismo temos alguns dos maiores exemplos da literatura dramática moderna, e os problemas das convenções e da encenação são, portanto, especialmente importantes. *Caste* foi um acontecimento no teatro, mas é um primeiro esboço, inacabado, em qualquer visão mais ampla. *A gaivota*, bem como *Hedda Gabler* ou *O pai*, é parte de uma importante criação da forma dramática moderna.

Sendo assim, o primeiro ponto a ser mencionado é que *Caste*, de certo modo por causa de seu estatuto de esboço, foi escrita para o palco de forma mais clara que *A gaivota* ou outras grandes peças semelhantes. Em Robertson, cada detalhe da representação semelhante à realidade é prescrito como parte de toda a sua concepção dramática. O que aconteceu na época de Tchekhov é bem diferente. Primeiro, o diretor cênico tornara-se um responsável por toda a concepção e criação do espetáculo, que usa o que agora ele pode ver como um roteiro em vez de uma obra final, criando a partir dele a sua peça. Sem o talento de Stanislavski, a encenação do tipo de escrita dramática de Tchekhov talvez fosse impossível. Mas também devemos nos lembrar de que, quando Tchekhov viu esse tipo de produção, ficou "bem agitado" e insistiu no fato de que alguns trechos então encenados não eram de fato "sua peça". Esse tipo de reação se tornou característica e o importante é que o debate não se degenere numa queixa mútua entre o dramaturgo e o encenador. A única questão produtiva diz respeito à forma dramática.

Consequentemente, e este é o segundo ponto a ser considerado, no período de Ibsen, Tchekhov e Strindberg, a ação que se escreve é inovadoramente complexa e precisa. Não se trata mais da apresentação de situações e respostas conhecidas. Se as situações e respostas mais comuns fossem a base dos textos, resolvê-los cenicamente seria muito mais fácil. Alguns truques – palavras, ritmos, olhares, gestos – logo teriam resolvido. Mas essas peças projetam-se além dessa dimensão imediatamente reconhecível da experiência humana; portanto, a questão tanto da encenação quanto da ação dramática é crítica. Muito da descrição detalhada da atmosfera, do personagem, do olhar, dos gestos e do modo de falar vem de outra forma literária, o romance, em que esse tipo de descrição pode ser direta. O que está em questão, numa peça como *A gaivota*, é se a atenção aos detalhes pode ser traduzida em termos dramáticos; ou, dizendo de modo mais difícil, se a concepção total da experiência, para a qual os detalhes contribuem, pode ser imaginada e escrita em forma de texto dramático.

Na análise da encenação de Stanislavski para o texto de Tchekhov, vimos diversos exemplos em que esses detalhes cruciais são acrescentados ou até mesmo impostos. Mas a verdade é que se a peça tivesse que ser representada exatamente como foi escrita, esse tipo de acréscimo seria inevitável, já que o texto, nesses trechos, estava fundamentalmente incompleto. O que Tchekhov, então, teria feito? Há um consenso de que, se ele tivesse escrito todos os detalhes necessários, quando a peça chegasse àquela encenação específica, teria escrito algo bem diferente de qualquer texto dramático anterior, e algo muito mais parecido com um romance. Diversos autores publicaram peças introduzidas com descrições do local e dos personagens, o que se parece bastante com inícios de romances. E não há dúvidas de que essa evolução é inevitável, uma vez que a criação cênica chegou ao ponto de se separar da fala formal e das ações apresentadas que ela pode indicar ou prescrever de modo direto. É possível argumentar que a separação diante da fala formal foi fatal; que ela tornou o grande drama, como se entendia, algo impossível. A verdade é que tivemos muitas outras grandes peças que já realizavam essa separação, e suas criações relacionam-se a certos tipos de experiência necessariamente diferentes em nosso próprio mundo. Os modos como enxergamos hoje as pessoas e as relações, as conexões que fazemos entre sentimento, situação e lugar, levaram necessariamente a essa nova forma dramática. Certamente, quando vemos o drama formal em decadência, como aconteceu com Ibsen antes de suas grandes inovações, não queríamos argumentar que a experiência a sério pertencia àquelas convenções sobreviventes. É nítido que ela pede novas convenções, e toda a dificuldade passa a girar em torno, precisamente, de que convenções seriam essas.

É preciso ressaltar que essas convenções são mais do que métodos de atuação e truques cênicos. Em uma peça como *Caste*, o que acaba sendo interessante é o fato de não haver a tensão entre o método e a experiência: toda a vida dos personagens, toda a vida que é importante para o dramaturgo, pode ser representada e colocada no palco; pode, aliás, ser totalmente escrita, porque nenhuma outra força, experiência ou possibilidade a perturba. A representação das aparências, do que é externo e está na superfície, pode encontrar uma dramatização direta na paciente carpintaria cênica e na confecção dos figurinos. Em Tchekhov ou Ibsen, por outro lado, o que é visível e diretamente exprimível nada mais é do que um contraponto à vida que não se realizou – as possibilidades, os medos, os desejos comuns e interiores –, vida que se esforça para tão somente participar desse mundo encenado de maneira sólida. Quando falamos do naturalismo, devemos fazer uma distinção entre essa paixão pela verdade como um todo, pela libertação do que ainda não pode ser dito ou feito, e a representação segura de si, e até complacente, das coisas como são, das coisas que se supõe ser o que parecem. A última convenção, a do hábito naturalista, tem sido surpreendentemente duradoura; ainda é base de grande parte de nosso teatro em todas as suas formas. Mas o drama sério e exploratório, de Ibsen, Tchekhov e Strindberg a Brecht e Beckett, sempre se viu diante de uma contradição: o que o teatro parecia tornar real, em cena, era aquilo que se desejava mostrar como uma realidade limitada, em termos dramáticos. Todas as dificuldades de se representar Tchekhov vêm dessa contradição. É o que Stanislavski reconheceu posteriormente como uma "verdade imaginativa externa [...], a verdade dos objetos [...], a imagem exterior do ator", quando o que estava sendo encenado por meio delas era uma dimensão bem diferente da realidade.

Nas obras mais bem-sucedidas, o teatro do apogeu do naturalismo foi a consciência dessa tensão. Isso é o que tanto Tchekhov quanto Stanislavski, de maneiras diferentes, estavam tentando escrever, naquela dimensão além da fala e da ação explícitas. Strindberg, em suas experimentações expressionistas, acabou por eliminar essa dimensão imediata – a roupagem e o cenário do palco, que também era a realidade limitadora de um espaço e do possível comportamento dos atores. Ele criou novas formas, que teatralizaram de maneira direta essa experiência de tensão, como se fosse uma repetição do naturalismo, mas com personagens e cenas distorcidas pela própria tensão. Esse método foi amplamente seguido e explorado em grande parte do drama posterior. A iluminação e os equipamentos avançados do teatro foram usados não para criar a aparência dos espaços, mas para mostrar, materialmente, do que era feita a experiência dramática. Essa foi a principal proeza do novo drama, de *O sonho* e *Caminho para Damasco*, de Strindberg, a *Esperando Godot*, de Beckett.

Num rumo diferente, houve um novo ímpeto de limpar o palco, de voltar às superfícies nuas, ao espaço de representação em que a ação cria a si própria mediante as palavras e o movimento. Esses elementos, por si sós, não dão conta de estabelecer um espaço fixo mas são os meios como a ação é criada: um exemplo claro está em *As cadeiras*, de Ionesco. A ação criada, na maioria das vezes, tem uma relação irônica com a história do teatro, visto que o que se mostra é uma ilusão, um tipo de representação consciente, oferecida como metáfora para a vida real. Essa tendência culminou no "teatro do absurdo".

Por outro lado, limpar o palco, livrar-se de sua roupagem e de seu cenário, foi algo usado para um propósito teatral diferente; não se tratava da ilusão como metáfora, mas da exposição da ilusão como exame crítico da realidade. Esse foi o método de Brecht: reabrir o franco debate no palco, não dentro dos termos de um enredo comum, no qual diferentes pontos de vista são representados dentro dos limites da ação criada, mas sim de modo a tornar a própria ação aberta e autocrítica. Uma mesma cena pode ser reapresentada a partir de diferentes pontos de vista, ou o ator pode sair de seu papel e comentar o que tem feito e falado ou, ainda, as consequências disso.

Esses são os desenvolvimentos dramáticos fundamentais que examinei mais a fundo em meu livro *Drama from Ibsen to Brecht*. O que precisa ser enfatizado aqui, tendo em vista o drama em cena, é que o teatro, em suas principais tendências, evoluiu na direção de um tipo de representação, dentro da caixa cênica, que poderia adequadamente ser o suporte físico do drama que chamei de hábito naturalista, mas intrinsecamente impróprio para os desenvolvimentos posteriores ao apogeu do naturalismo – ou seja, as novas formas estavam se afastando das aparências e dos lugares estáveis, das dimensões singulares, simples, e das questões mais mundanas. Muita coisa foi realizada no teatro e no drama experimental, tanto dentro dessas limitações quanto contra elas, mas muitas dificuldades, como veremos, permanecem e ficam mais evidentes num período em que novos recursos de representação, especialmente no cinema, se tornaram acessíveis.

## 7. Drama experimental moderno

Podemos examinar três exemplos de encenação teatral no período de maior experimentação posterior ao apogeu do naturalismo. As peças são *Reunião de família*, de T. S. Eliot (1939), *Vida de Galileu*, de Bertolt Brecht (1939-47), e *Esperando Godot*, de Samuel Beckett (1952).

### *Circunstâncias cênicas*

Nesse período de experimentações variadas, o público e as possibilidades financeiras do teatro eram praticamente os mesmos do final do século XIX. Houve alguns desenvolvimentos técnicos na iluminação e na maquinaria, mas eles avançaram na mesma direção seguida pela modernização que o teatro já sofrera – voltada para os efeitos especiais e para o naturalismo cênico. Algumas iniciativas mais radicais tiveram de ser executadas com o mesmo aparato material usado na fase anterior.

O público, em sua maioria, semelhante ao público do período anterior, ainda era basicamente constituído pela classe média, e os espetáculos conservavam, na maioria dos casos, as marcas do que ainda era um acontecimento social. Houve, no entanto, outro desenvolvimento do teatro ligado a uma minoria consciente: a associação de certos tipos de trabalho experimental a companhias e teatros específicos, aos quais uma plateia específica se filiava.

A origem de praticamente tudo o que se produziu de importante em termos dramáticos e cênicos no século XX está nesses teatros e companhias; também foi bastante comum que peças e dramaturgos bensucedidos geralmente fossem levados para teatros maiores – por razões comerciais. Portanto, era difícil para os teatros de minoria perseguir qualquer política consistente durante um período longo o suficiente para construir novas convenções e novos estilos. Por essa e outras razões é que o teatro do século XX tem um leque de métodos de escrita e encenação tão variado: de um lado, a força vinda da possibilidade de experimentação; de outro, a fraqueza de um ecletismo inevitável.

A peça de Beckett foi encenada pela primeira vez num pequeno teatro em Paris. Quando obteve sucesso, foi levada para os teatros comuns. A peça de Brecht foi escrita no exílio. Depois de sua primeira produção em Zurique, foi revisada para uma produção nos Estados Unidos, com Brecht trabalhando junto a uma companhia liderada por Charles Laughton. Eliot havia escrito *Assassínio na catedral* para o Festival de Canterbury; depois de seu sucesso no teatro, escreveu *Reunião de família* para os grandes teatros.

## *Reunião de família* (1939), T. S. Eliot

### *Texto*

O texto de *Reunião de família*[1] contém cerca de vinte e quatro mil palavras. É distribuído em duas partes de tamanho quase igual, cada uma delas dividida em três cenas. A peça se passa numa casa de campo no norte da Inglaterra. A primeira parte é representada na "sala de estar, após o chá; uma tarde de fins de março"; a segunda parte, na "biblioteca, depois do jantar".

1 Como referência, utilizamos na presente edição a tradução de Ivo Barroso. T. S. Eliot, *Obra completa, volume II, teatro*. Tradução de Ivo Barroso. São Paulo: Arx, 2004.

*Parte I, cena I*: Os Monchensey estão se reunindo na casa da família, em Wishwood, para o aniversário de Amy, viúva Lady Monchensey, e para o regresso de seu filho, Harry, Lord Monchensey, após uma ausência de oito anos. Amy diz que "nada mudou em Wishwood", mas sua irmã, Agatha, afirma que "ele encontrará uma nova Wishwood… em Wishwood ele vai encontrar um novo Harry". A esposa de Harry morreu no mar no período em que estavam fora. Quando chega, "ele vê olhos pela janela… *vocês* não as veem, mas eu as vejo e elas me veem". Ele está vendo as Eumênides, que esperavam pelo seu regresso a Wishwood. Harry acredita ser o responsável pela morte da esposa: "aquela noite sem nuvens em meio ao Atlântico, eu a empurrei para fora". O relato de seu empregado confirma a versão. A maioria da família, em coro, insiste em se ater a uma visão familiar do mundo contra a possibilidade de uma terrível "revelação".

*Cena II*: A tia de Harry, Agatha, e sua colega de infância, Mary, discutem o casamento dele e a oposição de sua mãe. Harry conversa com Mary sobre o retorno: para o lugar de onde saiu, mas completamente mudado. As Eumênides estão bem próximas, e quando ele pede que elas apareçam, as cortinas se abrem e elas são vistas. Mary não as vê e fecha as cortinas. Quando ele abre as cortinas novamente, elas desapareceram.

*Cena III*: A família espera pelos outros filhos. Harry fala com o médico sobre o assassinato e insiste que o passado é "irredimível". A maioria da família, em coro, confessa o medo que sente de que uma maldição recaia sobre a casa. Agatha reza para que a maldição se desfaça.

*Parte II, cena I*: Harry conversa com o médico sobre sua mãe e seu pai – eles nunca foram felizes juntos; separaram-se, e o pai morreu no estrangeiro. A mãe continuava a viver somente pelo retorno de Harry. O sargento da província chega com notícias de um pequeno acidente com o irmão de Harry, que começa a ver a situação em Wishwood como parte de uma desordem geral – relacionada com esta, a sua própria desordem. O coro diz: "[…] tanto em Argos quanto na Inglaterra/ Há certas leis inflexíveis,/ Inalteráveis […]".

*Cena II:* Agatha conversa com Harry sobre os pais dele. Ela fala sobre o quanto seu pai quis matar sua mãe pouco antes de Harry nascer. Agatha o impediu, e por isso, de certa forma, ela considera Harry seu filho. Ao começar a entender toda a sua situação, Harry vê mais uma vez as Eumênides, mas dessa vez elas estão fora dele; ele deixará Wishwood, seguindo-as. Agatha caminha e se posta no lugar ocupado pelas Eumênides. Harry explica para sua mãe que está indo embora; que na casa da família, a qual parecia um refúgio, ele encontrou todo um histórico de culpa. Ele agora irá para outros lugares, seguirá uma jornada desconhecida, seguindo os "anjos resplandecentes", as Eumênides transformadas.

*Cena III:* Amy culpa Agatha por ter roubado dela seu filho, já que outrora roubara seu marido. Vendo sua ideia do futuro de Wishwood se desfazer, Amy morre. [Consumada a maldição, a redenção se faz possível; a reunião de família termina e todos "[...] partem/ Em várias direções".]

Esse é um resumo extremamente simples. O atrativo e a dificuldade de *Reunião de família* é que a ação acontece em pelo menos dois níveis: a reunião física e suas relações manifestas, o que é escrito de modo direto; e o encontro espiritual, com suas relações não declaradas, porém reveladas. A complexidade da peça está nas relações resultantes entre esses dois planos de ação, e isso é, ao mesmo tempo, um problema de significado e um problema do drama na cena. Examinaremos essa questão mais de perto em algumas partes de determinadas cenas.

### As Eumênides

Um elemento crítico na escrita e na encenação de *Reunião de família* é a natureza dramática da aparição das Eumênides – ou Fúrias. Há três fases decisivas: na parte I, cena I, na chegada de Harry; no final da parte I, cena II, entre Harry e Mary; e na parte II, cena II, entre Harry e Agatha.



No primeiro caso, a aparição é escrita dessa forma:

[*Entra* HARRY]

AMY: Harry!

[*Harry para de súbito à porta e olha fixamente para a janela*]

Claramente, trata-se de uma convenção de comportamento cênico. Imediatamente após a entrada inesperada, há uma reação inesperada. Harry fita as janelas com as cortinas abertas; os outros membros da família, assim como o público, veem a escuridão vazia além das janelas. A insistência de Harry, nessa situação, está associada a um mal-entendido, no qual se revela, com o texto, a característica do lugar onde se passa a peça:

HARRY
Como podem ficar nesta luz ofuscante expostos à vista de todos?
Se soubessem a cara com que estavam, quando os vi através da vidraça!
Vocês gostam de ser observados pela janela?
AMY
Você se esquece, Harry, que estamos em Wishwood,
E não na cidade, onde se tem que fechar as persianas.

Diversas ambiguidades podem ser percebidas sob essa ótica: a simples diferença física entre as janelas do interior e as da cidade; o fato de Harry ter visto de fora a família reunida, e de que são portanto seus olhos, ou os olhos de qualquer estranho, que fitam através da janela, bem como os outros olhos que ele vê fitar. Por trás dessa ambiguidade há uma ironia mais ao fundo: o fato de esse grupo familiar estar sendo visto de outro ângulo – o do público – e que o abrir e fechar das cortinas nas janelas, em diversos momentos da ação, serve para sugerir todo o processo de encenação – não só a reminiscência física do abrir e fechar das cortinas no palco, mas a metáfora de um mundo reciprocamente velado e desvelado, que está além da vida que acontece na sala de estar da família.

Nesse ponto da peça, no entanto, trata-se apenas de uma metáfora, e o que se comunica dramaticamente é a estranheza de Harry:

HARRY

Olhem lá, olhem lá: estão vendo?

GERALD

Não, não estou vendo ninguém.

HARRY

Não, não ali. Mas lá! Não estão vendo?
*Vocês* não as veem, mas eu sim,
E elas me veem [...]

É uma metáfora apoiada numa reminiscência. Na epígrafe de seu primeiro experimento no gênero dramático, *Sweeney Agonistes*, Eliot cita uma fala de Orestes, em *Coéforas*, de Ésquilo: "Não podes vê-las, mas as vejo perseguindo-me".

Essa evocação direta do filho da Casa de Atreu não pode ser explícita no texto dramático. Ela é no máximo um sinal para alguns membros da plateia, uma minoria da qual Eliot sempre esteve ciente. A reminiscência é igualmente desnecessária para essa situação imediata. A estranheza de Harry – sua insistência de que está "vendo coisas", expressa numa linguagem também calculada por Eliot – surge como uma revelação do personagem e não do enredo. Ele prossegue para reafirmar a presença contínua "delas"; nenhum nome é dito: são apenas "olhos" fitando. Ele pergunta, em cena, por que ele as vê ali, pela primeira vez, na reunião de família. E é porque a fala está escrita desta forma que o gestual dirigido aos olhos que fitam sem ser vistos pode ser diluído na teia dos cumprimentos familiares protocolares, na troca de notícias e planos. Harry não participa nunca dessa troca na mesma medida que os outros personagens. Ele faz afirmações soltas, como se respondesse ao que os outros dizem; estes, no entanto, respondem nos termos que lhes são mais familiares:

AMY

Não houve ali mudanças.

HARRY

Mudanças? Não houve mudanças? Como pode dizer que não houve mudanças?
Vocês todos parecem tão fanados, e tão jovens.

GERALD

Amanhã faremos um passeio a cavalo.
Você verá que as terras continuam as mesmas.

O fato óbvio de que esse diálogo se dá em dois planos desencontrados, conectados verbalmente por acidente ou má compreensão, é, sem dúvida, o propósito de Eliot: o que ele escreve é essa tensão e esse colapso. Por outro lado, na solidez do cenário da sala de estar e na presença naturalista e fortemente convencional da família, há um constante problema de controle: embora os planos se choquem, não há colisão na ação de fato. Na cena que se segue, a ação é diferente:

HARRY

Oh, Mary!
Não olhe para mim deste jeito! Basta! Trate de detê-las.
Lá vou eu. Oh, por que agora? Venham!
Saiam! Onde estão? Deixem-me que as veja,
Já que sei que estão aí, que estão me espiando.

Esse trecho começa mostrando a mesma ambiguidade: as palavras dirigidas a Mary transformam-se na provocação às Eumênides.

HARRY

Saiam!
[*As cortinas se abrem, aparecendo as Eumênides no vão da janela*]

Ele fala com elas:

HARRY

Digo-vos, não é a mim quem estais fitando,
Nem é a mim que dirigis vossos esgares, ou a quem vossos olhares furtivos
Incriminam, mas àquela outra pessoa, se é que pensais
Que era uma pessoa: que vossa necrofagia
Se nutra daquela carcaça. Mas elas não se vão.

MARY

Harry! Não há ninguém aqui.

[*Vai até a janela e descerra as cortinas*]

Quando Harry insiste que elas ainda estão presentes e corre para abrir as cortinas de novo: "*o vão da janela está vazio*".

Nessa cena, há dois problemas relacionados: o da encenação e o da imaginação cênica no momento da escrita dramática. Posteriormente, Eliot escreveu:

> Tentamos apresentá-las de todas as maneiras possíveis. Colocamo-las no palco, mas pareciam intrusas recém-chegadas de um baile a fantasia. Escondemo-las atrás de uma névoa e ficaram parecendo uma imagem de um filme de Walt Disney. Colocamo-las sob uma luz escura, e pareciam arbustos atrás da janela. Vi outros recursos serem usados, como elas dando sinais pelo jardim ou invadindo o palco como um time de futebol, mas nada dava certo.

Devemos nos ater a essa informação (que já era óbvia antes de Eliot reconhecê-la) quando lemos a aparição final das Eumênides e a substituição delas por Agatha:

HARRY

mas não exatamente como antes,
Não daquele modo, não o mesmo…

[*Aparecem as* EUMÊNIDES]

[…] Desta vez, sois reais, desta vez estais fora de mim […]
Vejo agora por fim que sou eu quem vos segue […]

[*Fecha-se a cortina e* AGATHA *vai em direção da janela, como uma sonâmbula, abre-a, deixando ver o vão que está vazio. Coloca-se no lugar que as* EUMÊNIDES *haviam ocupado.*]

Como essa transformação é tão crucial – a das Eumênides nos anjos reluzentes e a da culpa individual não percebida na consciência religiosa do pecado – é bem difícil, dadas as dificuldades da encenação, salvar a peça usando um recurso tão óbvio: "Elas devem, no futuro, ser retiradas do elenco e ficar subentendidas como visíveis apenas a determinados personagens, sem serem vistas pelo público", escreve Eliot.

Afinal, conforme o próprio autor, é a existência das Eumênides o meio de transformação, e o que vemos por trás da dificuldade de encenação é um problema da imaginação cênica no momento da escrita dramática; afinal, sem as figuras das Eumênides dando forma a uma realidade teatral não humana, a ação fica essencialmente incompleta. Para Eliot, as alusões, suposições, ou mesmo marcantes formas de criar, por meio do diálogo, as localidades, não podem, por si sós, criar uma estrutura dramática. Na sua própria explicação, ele

> deveria ter-se limitado mais a Ésquilo ou ter tomado muito mais liberdade com esse mito... O fracasso dos personagens é simplesmente um indício do fracasso de harmonizar o antigo com o moderno.

Mas isso subestima o problema. Não é no ajuste do antigo com o moderno ou na interpretação do mito que reside o verdadeiro problema; é na natureza da ação dramática. Em muitas peças modernas, as Eumênides foram de fato apresentadas com sucesso (compare-se *Electra*, de Giraudoux, ou *As moscas*, de Sartre). Pode-se dizer que a dificuldade em *Reunião de família* não são as Eumênides, mas o "vão da janela" e o cenário da sala de estar e da biblioteca. Na concepção da peça, a dificuldade está na criação de um ambiente cênico que mimetize um tipo de realidade – a casa de campo totalmente mobiliada – com a qual tanto as Eumênides quanto todo o tema e o desenrolar da ação são incompatíveis. Isso não pode ser resolvido simplesmente extirpando as Eumênides. O que realmente é de interesse, como um problema típico de encenação, é a insistência de Eliot em inserir uma peça de revelação espiritual na mais fechada de todas as formas teatrais: do início ao fim, um cenário fixo de casa rural, com personagens com entradas e saídas alternadas e marcadas.

Quanto mais de perto examinamos *Reunião de família,* maior se torna essa incompatibilidade. O coro é outro exemplo: dois tios e duas tias, pertencentes ao grupo familiar, se reúnem para declamar em uníssono, fora do registro comum do diálogo:

> CORO
> Não gostamos de olhar pela mesma janela e ver uma paisagem de todo diferente.
> Não gostamos de subir uma escada e descobrir que ela nos leva para baixo.
> Não gostamos de atravessar uma porta e nos encontrarmos de novo na mesma sala.

O que é interessante aqui, na insistência da peça em uma revelação inesperada, é o fato de todas as imagens serem físicas e serem elementos de uma casa: a janela, a escada, a porta – embora seja exatamente esse mesmo cenário fixo em que o autor se aprisionou o fato que impede tais revelações de ocorrerem do ponto de vista cênico; só é possível falar delas. Dessa forma, o fato de elas não acontecerem e não poderem acontecer – assim como as Eumênides, por fim, não podem aparecer – é uma força destrutiva dentro da forma escolhida. Isso se expressa com embaraçosa consciência:

> CORO
> Por que sentimos embaraço, impaciência, inquietação, constrangimento,
> Reunidos como artistas amadores que não tiveram seus papéis distribuídos?
> [...] Esperando os rumores da plateia, os risos abafados dos balcões e os assovios e vaias das galerias?

Mas isso é uma tentativa desesperada de evitar o que já é inevitável. Mais uma vez, Eliot acabou reconhecendo este fato:

> O recurso de usar quatro dos personagens menores para representar a Família, às vezes com papéis individuais e às vezes coletivamente, como um coro, não me parece muito satisfatório. Afora tudo o mais, prever a transição imediata de um papel

individual e caracterizado para a condição de membro de um coro é pedir demais dos atores: trata-se de uma transição muito difícil de realizar.

Eliot tem toda a razão e sei que se tivesse de escolher quais são realmente os coadjuvantes do West End – os tios e as tias em sua existência "individual e caracterizada" ou a voz do coro – não hesitaria: o coro é drama em potência; os personagens não passam de um recheio teatral. Mais uma vez, ao optar por utilizar uma convenção – a peça representada numa casa rural com personagens e mobília previsíveis –, Eliot se aprisionou de forma a tornar capenga, se não impossível, sua única solução dramática de peso.

## O representativo e o real

Não se trata, aqui, apenas de apontar os problemas, mas o que se pode aprender com eles. Eliot trouxe para o drama, de modo novo e contemporâneo, uma precisão e uma intensidade de fala, que no exemplo a seguir[2] está na fala da personagem Amy, também em *Reunião de família*:

> If you want to know why I never leave Wishwood
> That is the reason. I keep Wishwood alive
> To keep the family alive, to keep them together,
> To keep me alive, and I live to keep them.
> You none of you understand how old you are
> And death will come to you as a mild surprise,
> A momentary shudder in a vacant room.[3]

2 As duas citações a seguir foram mantidas no original para um melhor acompanhamento da argumentação do Autor, centrada no ritmo e na métrica dos versos. [N.E.]

3 ["Se quer saber por que nunca saio de Wishwood,/ Eis a razão: mantenho Wishwood viva/ Para manter viva a família,/ para mantê-los unidos,/ Para manter-me viva a mim também, e vivo para os manter unidos./ Nenhum de vocês sabe o quanto são velhos/ E a morte lhes chegará como uma suave surpresa,/ Um súbito frêmito num salão vazio."]

Essa fala é perfeitamente plausível para uma encenação. A dificuldade está na sua coexistência com esta fala de Charles:

All that a civilized person needs
Is a glass of dry sherry or two before dinner.
The modern young people don't know what they're drinking,
Modern young people don't care what they're eating;
They've lost their sense of taste and smell
Because of their cocktails and cigarettes.
That's what it comes to.[4]

A diferença não é só de tom e emoção. É uma questão de escrita. Eliot afirmou que seu verso dramático "varia no tamanho e na quantidade de sílabas, com uma cesura e três tônicas [...] a única regra é haver uma tônica em um lado da cesura e duas no outro". Isso pode ser facilmente percebido na primeira passagem citada; as tônicas acompanham o significado num tom simples. Na segunda passagem, os versos podem ser escandidos dessa forma (embora haja mais dificuldades, como na segunda ou na quinta linha), mas o que é muito mais importante do que essa análise técnica é que a intenção da fala torna o ritmo impossível na prática, pois o ator precisa fazer algo mais com sua voz. Ele precisa desenvolver, dentro do ritmo, o papel do personagem. O ritmo em si, se seguido rigorosamente, impele essas esplêndidas palavras rumo à gravidade rítmica e familiar de Eliot, mas o que o ator deve fazer vem da construção do personagem, e é essa suavidade que inevitavelmente prevalece. Dessa maneira, o interessante é que as escolhas posteriores de Eliot em relação a que convenções usar, tanto no verso quanto na cena e no diálogo, se aproximaram do West End e se distanciaram do drama. Ele extirpou não só as Eumênides, mas também, de modo crescente, o elemento para o qual elas

4 ["Tudo quanto uma pessoa civilizada necessita/ É de um ou dois copos de xerez antes do jantar./ Os jovens modernos não sabem o que estão bebendo,/ Os jovens modernos não se importam com o que estão comendo;/ Perderam o sentido do gosto e do olfato/ Por causa de seus coquetéis e de seus cigarros./ Eis no que dá."]

apontavam: a intensidade e a presença consciente – na cena, diálogo e ritmo – do único elemento cênico que para ele era importante.

## A experimentação do drama em verso

O drama inglês, contemporâneo, em verso, é em sua essência uma tentativa de retomada da figura do *escritor*, fato que serviu apenas para desvelar muitas das dificuldades herdadas na confusa relação entre texto e cena. Pois, no teatro naturalista, enquanto todos os elementos do teatro – fala, movimento, cenário, som – dependiam da hipótese básica da plausibilidade, tudo ao menos funcionava nos mesmos termos gerais: ao menos numa unidade instituída e verossímil. Mas quando o elemento da fala começou a ser compreendido numa base diferente, essa estabilidade se perdeu, e toda a situação ficou pior do que antes, em vários sentidos. Em *Cocktail Party*, de Eliot, cujo tema é bem parecido ao de *Reunião de família*, as dificuldades específicas do coro e da aparição foram cuidadosamente evitadas, mas o estilo da ação mais uma vez foi "comportamental", e os elementos tais como movimento, som e cenário adotaram um partido claramente naturalista. Somente o elemento do verso permaneceu como sinal de uma intenção dramática diferente, mas havia uma dificuldade intrínseca em representar uma fala tão devotadamente teatral quando todos os outros elementos reforçavam a proximidade com o mundo cotidiano. O resultado foi o que era de se esperar: o verso, na encenação, teve sua força diminuída a ponto de certas vezes não conseguir desempenhar a função de ditar o ritmo dramático. E é preciso dizer novamente que isso não era um problema da encenação, mas sim do texto e da capacidade de imaginar cenicamente. Afinal, o texto de *Reunião de família* ou de *Cocktail Party* é tão essencialmente incompleto quanto o texto de *A gaivota*. Muitas peças naturalistas modernas são tão fragmentadas pelos comentários e rubricas em itálico que os "versos limpos" das peças de Eliot podem parecer uma melhoria bem-vinda. Mas a "limpeza" não foi uma solução para o problema das notas; antes, ela foi uma evasão. Pois, em cena, não há somente o fato de a fala não se sustentar isoladamente; todos os elementos de movimento, som e cenário devem ser agregados e, embora não determinados, contribuir radicalmente para a experiência integral da peça. Mas nem a própria fala pode ser representada exatamente como foi escrita, desintegrando a única forma dramática de fato.

Dessa forma, está claro que o verso dramático só pode ser representado integralmente se o cenário e os métodos de atuação estiverem no mesmo diapasão. Caso contrário, o ator precisa tentar seguir vários ritmos ao mesmo tempo, ou se mover, incomodamente, de um tipo de representação e de um tipo de realidade para outro. Essa relação e esse ajuste de ritmos são responsabilidade do dramaturgo. Se ele não os aceita, fica claro que escrever em versos não é a solução, mesmo em versos tão esplêndidos como os que Eliot de fato escreveu. Pois o que ele deixa a cargo dos intérpretes é a reintegração daqueles elementos de cena, um dos quais ele alterou por completo. Os atores darão o máximo para representarem os versos com a voz, mas tudo o mais que fizerem virá não do *processo* do verso, mas do seu *produto*. Com efeito, é esse ato de forçar a encenação rumo ao produto da escrita dramática – sendo o processo detalhado da criação cênica separado do processo detalhado da escrita, o qual não é apenas o diálogo, mas toda a concepção de drama e cena – que se revela como um problema comum no drama naturalista e em suas aparentes alternativas.

## *Vida de Galileu* (1939-47), Bertolt Brecht

No período em que Eliot estava escrevendo *Reunião de família*, Bertolt Brecht engendrava uma reforma dramática mais radical. *Vida de Galileu* foi escrita entre 1938 e 1939 e revisada nos anos de 1945-7.[5] Foi apresentada pela primeira vez no Teatro de Zurique (Zürich Schauspielhaus) no dia 9 de setembro de 1943.

*Vida de Galileu* é dividida em quinze cenas. Desde o início de sua forma de pensar o drama, Brecht agudiza a realização de uma ação aberta e versátil, que se desloca por vários lugares. A ação é criada por sua própria lógica e impulso, em vez de ser fixa. Conforme dissera Brecht,

5 ["Como referência, utilizamos na presente edição a tradução de Roberto Schwarz. Bertolt Brecht, *Teatro completo,* vol. 6. Rio de Janeiro: Paz e Terra, 1991."]

> A decoração do palco não deve ser feita para que o público acredite estar num salão no Vaticano ou na Itália medieval. O público deve estar o tempo todo ciente de que está num teatro.

O cenário pintado deveria expressar o que Brecht chamou de "contexto histórico" em vez de ser um "campo de hipnose". Deveria ser bidimensional, para enfatizar a plasticidade contrastante da presença dos atores. A mobília, os acessórios e figurinos dentro desse cenário deveriam ser "realistas (incluindo portas) e, particularmente, deveriam ter um encanto histórico-social".

A ação aberta e versátil é, de muitas maneiras, um retorno aos métodos teatrais de um drama mais antigo, especialmente o drama elisabetano. Ao mesmo tempo, há uma ênfase em um tipo de atuação e de presença histórica que pertence ao teatro moderno, o que também é modificado pelo elemento mais característico de Brecht: a apresentação crítica – no lugar da ilusão teatral – que pode ser feita por meio de uma introdução, em verso, à ação e ao significado de cada cena. Essa crítica deve ser breve e distante da ação que se irá apresentar. Combinar e controlar as ênfases nos diferentes truques cênicos utilizados exigia a intervenção direta por parte do encenador. Segundo o próprio Brecht,

> Sem precisar fazer muitos ajustes no estilo teatral contemporâneo, *Vida de Galileu* pode ser apresentada como um exemplo de canastrice histórica com um astro como protagonista. Não obstante, uma encenação tradicional (cujos atores não devem nunca, de modo consciente, percebê-la como tal, particularmente se ela contiver algumas ideias originais) deve perceptivelmente enfraquecer a verdadeira força da peça sem proporcionar ao público um "entendimento mais simples". A peça pode falhar se o "teatro contemporâneo" [*Zeittheater*] não fizer os ajustes necessários.

Também é verdade que isso poderia acontecer a *Rei Lear*, mas é digno de nota que a exata obtenção dos efeitos teatrais de Brecht – os quais ele estava sempre prontamente disposto a alterar, de modo experimental, no decorrer da produção – dependia, além do texto, de uma direção específica; isso se manifestou claramente quando, alguns anos depois, Brecht conseguiu construir uma companhia permanente, a Berliner Ensemble, com métodos de atuação, formas de encenação e uma política que seguiam o mesmo direcionamento.

*Cena 1*

Examinaremos uma fala crítica da primeira cena. No quarto de estudos, Galileu está lavando o tórax e Andrea, filho da governanta, pega atrás dos mapas celestes um modelo do sistema ptolomaico, feito de madeira, que é colocado em funcionamento e explicado:

> GALILEU: E agora faça mover o Sol.
> ANDREA: [*move as esferas*] É bonito. Mas nós estamos fechados lá no meio.

Com um modelo, Brecht deu início à peça, mas, para contestar essa visão tão restrita, ele muda o método. Galileu joga a toalha a Andrea para que ele lhe esfregue as costas, enquanto fala, em cerca de setecentas palavras, sobre a nova astronomia e a possível libertação da sociedade e da mente humana por meio dela. Nessa fala, a cena dialogada nos termos convencionais, como no uso do modelo ptolomaico, é substituída pelo debate e pela descrição verbal. Brecht escreve a fala com um nítido senso prático, com exemplos de navios, sistema de polias, novos equipamentos e as novas tendências: "As verdades mais consagradas são tratadas sem cerimônia; o que era indubitável agora é posto em dúvida".

O interessante é que essa exposição de uma nova visão de mundo, embora repleta de exemplos práticos, é posta em cena, não de modo literal (o que claramente seria impossível de realizar no palco usado dessa forma, ao contrário do cinema, por exemplo), mas na caracterização naturalista do próprio Galileu, que está, dentro dessa convenção, naquilo que acontece no palco enquanto tantas palavras são ditas. Conforme escreve Brecht:

> Algumas pessoas criticaram o fato de Laughton iniciar a peça falando sobre a nova astronomia com o peito descoberto; disseram que o público poderia ficar confuso ao

> ouvir tais declarações intelectuais de um homem seminu. E foi exatamente essa mistura do físico com o espiritual que interessou a Laughton. O prazer físico de Galileu, quando o menino esfrega-lhe as costas, foi transmutado em criatividade intelectual.

Ele não está se referindo ao que é correto para a ocasião, mas à relação entre o que está sendo dito e o que está sendo feito, como já vimos em Tchekhov. A interpretação – transmutar "prazer físico" em "criatividade intelectual" – é uma maneira de entender e representar o papel, e tem conexões fundamentais com momentos posteriores da peça. Nesse caso, o que se comunica com essa interpretação é um entendimento muito subjetivo do personagem e da peça – em seu melhor, uma grande figura histórica; em seu pior, "um exemplo de canastrice histórica com um *astro* como protagonista". Entendimento que gera uma criação estimulada pelas palavras escritas por Brecht – e seu ponto de vista fundamental, do qual depende grande parte da peça – que expressam algo radicalmente diferente: "tudo se move" – e o resultado das novas viagens e dos novos métodos cooperativos de trabalho é uma nova consciência social da qual faz parte a nova astronomia. Uma vez que a relação entre criatividade individual e consciência social constitui o tema principal da peça, na qual Galileu é visto por Brecht como um fracassado porque mantém a primeira em detrimento da segunda, é de alguma importância que Galileu seja apresentado ao público – não no texto, mas na encenação – reiterando e aprovando o que a peça como um todo tem como objetivo questionar. Nesse ponto, isso não é um método crítico – do tipo para o qual aponta a escrita de Brecht –, mas um método de empatia, numa dimensão habitual da atuação, que em sua essência parece derivar do fato de a consciência social não ser levada, em seu limite, à cena, mas simplesmente comunicada; o foco, portanto, está sobre o homem que a comunica, e ao redor do qual um tipo de presença cênica deve ser construído – nem que seja para preencher um vácuo.

Essa é uma dificuldade geral ao se encenar Brecht; seus métodos dramáticos, de notável sucesso, consistem na produção de situações e exemplos para debate. Por esse motivo, Brecht precisou descobrir maneiras de manter as convenções dramáticas e cênicas nesse patamar, indo contra uma tendência poderosa de transformar argumentos em personalidades. Ele inventou diversos meios possíveis de evitar isso: o uso de comentadores e de avisos em cartazes; a quebra da ilusão teatral ao expor sua maquinaria cênica; instruções para os atores se distanciarem de seus papéis, como se olhassem para o que "ele" – o personagem – dizia, com certa objetividade. Com a disciplina e o plano de trabalho unificado de uma companhia própria, ele pôde criar esse tom utilizando esses meios. Mas é irônico o fato de que tenham sido bem-sucedidas, em outros contextos teatrais, encenações em que a intenção de Brecht foi preterida, para se alcançar a simpatia e a identificação no lugar do exame crítico e do debate – o que foi descrito como um processo que "torna humanas as peças", "suprime Brecht, o dogmático, e liberta Brecht, o dramaturgo", quando na verdade o que efetivamente acontece é que os métodos de encenação de um tipo de teatro absorvem e trabalham contra o outro tipo.

### *Cena XIV*

Uma questão semelhante pode ser elucidada no final da peça. Andrea está atravessando a fronteira da Itália com o manuscrito dos *Discorsi*. O guarda de fronteira, de modo tolo e negligente, examina a bagagem e pergunta "quem é" Aristóteles. Alguns garotos brincam pelo posto e falam sobre bruxas. Andrea consegue passar com os manuscritos.

O momento crucial dessa cena é, ao mesmo tempo, o clímax e o anticlímax da ação. Galileu, isolado depois de abjurar o que dissera, ganhou tempo para escrever os importantes *Discorsi*; Andrea está levando o manuscrito para ser publicado e assim contribuir para o conhecimento humano. A obra tem um sucesso limitado e específico, o que fica claro pela própria ignorância do guarda e pela conversa supersticiosa dos garotos, visão que a nova ciência pretendia mudar. Brecht inclui todos esses elementos, mas escreve a ação de modo neutro – os movimentos necessários da inspeção e da travessia. Dessa forma, é possível representar a cena – como geralmente é feito e como é quase universalmente recomendado no comentário crítico – para enfatizar o tom romântico do transporte dos manuscritos com certa consciência de sua importância em oposição à estupidez ou indiferença das pessoas menos ilustradas. E não há nada definido na peça que evite isso. Assim que atravessa, Andrea volta e diz aos garotos para aprenderem a abrir os olhos e que ninguém pode voar pelos ares em um cabo de vassoura. Mas, por outro lado, isso é um argumento isolado, oposto a uma cena física que, por meio de uma representação habitual da estupidez dos garotos e dos guardas, pode dar a aparência de o estar anulando, como se ele fosse um ideal impossível. Na encenação dirigida por Brecht, a consciência é mais aberta e crítica, mesmo assim a materialização dessas duas formas de entender a cena, as quais espera-se que o público reconheça e compare, é mais desejada do que realizada.

Nenhum dramaturgo da geração de Brecht foi tão vigoroso e inventivo quanto ele na criação de novas convenções, de novas atitudes e de um teatro ineditamente aberto, versátil e crítico. Entretanto, olhar essas cenas e sua constituição em aberto – até que o diretor certo apareça – lembra-nos o quão precário pode ser o novo drama nos velhos palcos.

## *Esperando Godot* (1952), Samuel Beckett

Um problema recorrente no drama moderno diz respeito à realização das ações: do movimento, da intervenção, da mudança, em oposição à observação, à reação, à espera. Nas sociedades ocidentais, a última – expressa de modo tão perfeito nos becos sem saída e nos diálogos do alto naturalismo – tem recebido muito mais apoio do que sua alternativa mais ousada, exploratória e radical. A preferência é pelo método dramático que melhor corresponda a uma estrutura de sentimento dominante.

Em *Esperando Godot*[6] a proeza de Beckett é levar ao extremo, na cena, essa imobilidade habitual. Nos dois atos, os dois mendigos, Vladimir (Didi) e Estragon (Gogo), esperam a cada ato pela vinda de Godot, numa repetição estagnante. Quase no fim de ambos os atos, um menino chega trazendo a

6 Como referência, utilizamos na presente edição a tradução de Fábio de Souza Andrade, Samuel Beckett, *Esperando Godot*. Tradução e prefácio: Fábio de Souza Andrade. São Paulo: Cosac Naify, 2010.

mensagem de que ele "não virá hoje, mas amanhã com certeza". Os dois atos terminam com esse momento característico:

VLADIMIR
Então, vamos embora.
ESTRAGON
Vamos lá.
[*Não se mexem.*]

A única diferença entre os dois atos da ação geral está na entrada dos viajantes, Pozzo e Lucky, que aparecem primeiro como mestre e escravo e depois como o cego sendo conduzido pelo mudo. O interessante é que essas são as tensões dramáticas típicas do apogeu do naturalismo, reencenadas não mais como tensões próprias a um mundo representado, cuja imagem é aceita como espelho da vida real, mas presentes como imagens teatrais que, sozinhas, formam objetivamente a experiência total sem precisar compor a verossimilhança de um espaço determinado.

Podemos agora examinar algumas cenas que se destacam, tal como levadas ao palco. Os mendigos, que metaforicamente representam uma ociosidade mais geral e espiritual, fora das coerções do tempo e do hábito, decerto são apresentados de imediato; seus problemas são as botas e a comida. Li no programa de uma encenação inglesa uma descrição dos dois como um tipo curioso de mendigo francês, e suponho que, por certo tempo, a ação poderia ser representada dessa maneira; seus elementos estão lá, dada a maneira como estão construídos os personagens. Mas a escrita muito precisa de Beckett depende de outra convenção: uma variante do efeito produzido pelo diálogo atropelado do teatro de variedades. É através de um diálogo assim, portanto, que os temas centrais devem ser apresentados.

De acordo com as rubricas iniciais, Estragon está sentado numa pedra na beira da estrada, próximo a uma árvore desfolhada, e Vladimir aproxima-se com passos duros.

VLADIMIR
 [*colérico*] [...] Queria ver se você estivesse no meu lugar, o que você diria.

ESTRAGON

Doeu?

VLADIMIR

Doeu! Ele quer saber se doeu!

ESTRAGON

[*apontando com o indicador*] De qualquer modo, você bem que poderia fechar os botões.

VLADIMIR

[*inclinando-se*] É verdade. [*Abotoa-se*] Nunca descuide das pequenas coisas.

ESTRAGON

O que você queria? Você sempre espera até o último minuto.

VLADIMIR

[*sonhador*] O último minuto… [*Medita*] Custa a chegar, mas será maravilhoso. Quem foi que disse isso?

ESTRAGON

Por que você não me ajuda?

VLADIMIR

Às vezes até sinto que está vindo. Então fico todo esquisito. [*Tira o chapéu, examina o interior com o olhar, vasculha-o com a mão, sacode-o, torna a vesti-lo*] Como se diz? Aliviado e ao mesmo tempo… [*busca a palavra*] apavorado. [*Enfático*] A-PA-VO-RA-DO. [*Tira o chapéu mais uma vez, examina o interior com o olhar*] Essa agora. [*Bate no chapéu, como quem quer fazer que algo caia, examina o interior com o olhar, torna a vesti-lo*] Enfim… [*Com esforço extremo, Estragon consegue tirar a bota. Examina seu interior com o olhar, vasculha-a com a mão, sacode-a, procura ver se algo caiu ao redor, no chão, não encontra nada, vasculha o interior com a mão mais uma vez, olhar ausente*] E então?

ESTRAGON

Nada.

VLADIMIR

Deixe ver.

ESTRAGON

Não há nada para ver.

O controle nessa cena é notável. O apoio em três níveis de consciência – a precariedade física dos mendigos, o elemento cênico dos apartes (*Ele quer saber se doeu!*) e as insinuações de um total desamparo (a repetição de *apavorado*, *A-PA-VO-RA-DO*) – é controlado não só pela precisão da escrita, mas também pela capacidade de imaginar a cena precisamente no ato da escrita. Vale notar que os gestos e movimentos são escritos com detalhe, e que, ganhando corpo por meio de ações habituais, compõem uma estrutura geral – a procura, em vão, no chapéu e na bota, e a conclusão: *Deixe ver. Não há nada para ver.* Esse é, em sua aparente simplicidade, um tipo incomum de escrita para encenações.

A título de contraste, podemos, então, examinar uma questão dramatúrgica bem diferente. Depois que Pozzo e Lucky aparecem, Pozzo ordena que Lucky pense. É dito que ele não consegue pensar sem seu chapéu, que é colocado em sua cabeça. Pozzo puxa a corda enrolada no pescoço de Lucky:

> POZZO
> [...] Pense, porco! [*Pausa. Lucky começa a dançar.*] [...]

Pozzo prossegue com uma série de ordens desconexas, virando Lucky para um lado e para o outro. Por fim, ele vira Lucky para a plateia repetindo a ordem:

> POZZO
> [...] Pense!

A fala de Lucky, que se segue depois da ordem, é uma longa declamação, repetitiva, fragmentada e confusa; no entanto, uma breve análise mostrará o fio condutor que é um dos acontecimentos centrais da peça: "Dada a existência de um Deus pessoal que nos ama a todos com algumas poucas exceções não se sabe por quê mas o tempo dirá".

O problema, na encenação, é manter esse fio por toda a confusão verbal:

LUCKY

[*exposição monótona*] Dada a existência tal como se depreende dos recentes trabalhos públicos de Poinçon e Wattman de um Deus pessoal quaquaquaqua de barba branca quaqua...

Já ouvi essa fala ser representada o suficiente para saber que a dupla condição – o fio de sentido e a confusão da fala – pode ser transmitida, embora também possa ser reduzida a um falatório sem sentido em que, não o processo, mas o produto da confusão é encenado – apenas uma gritaria cômica em situação desfavorável. Essa saída foi usada em uma ou duas encenações de destaque e combinada com uma interpretação semelhante das rubricas de Beckett sobre as reações dos outros enquanto Lucky fala. As quatro rubricas de Beckett –

1) Atenção total de Estragon e Vladimir. Desprezo e repugnância de Pozzo; 2) Protestos incipientes de Estragon e Vladimir. Sofrimento intensificado de Pozzo; 3) Estragon e Vladimir se acalmam e retomam a escuta, atentos. Cada vez mais agitado, Pozzo geme de desconforto; 4) Protestos violentos de Estragon e Vladimir. Pozzo dá um salto, puxa a corda. Gritaria generalizada. Lucky puxa a corda, se desequilibra, grita seu texto. Todos se atiram sobre Lucky, que se debate, gritando o texto.

– podem, então, ser reduzidas a um tumulto generalizado no qual se projeta, na fala e no comportamento dos outros, o elemento externo da movimentação no palco, as figuras dramáticas autonomizadas; e isso de uma forma que, embora seja convencionalmente distinta perante o naturalismo (a movimentação é confusa e alienada, as figuras distorcidas), se torna, em última análise, uma repetição do teatro naturalista, com seus esquetes estudados, totais, comportamentais. Isso geralmente é o resultado de encenações em que os mendigos são interpretados como caricaturas sentimentais, dentro do mesmo modo dramático. Dessa forma, um texto de rara precisão, tanto na fala quanto na ação, pode ser encenado de forma rudimentar.

Um pouco dessa dificuldade, reconheçamos, está na própria concepção dramática de Beckett. Ele, afinal, se utiliza de determinadas convenções teatrais – ainda que o objetivo seja confundir e os propósitos estejam às avessas, se vistos pelo ângulo do teatro tradicional. Mas o notável sucesso da peça, como vívida invenção teatral, é maior do que geralmente parece quando, tal como grande parte do drama experimental, ela é representada em teatros e companhias (e com públicos, atores e diretores) que, não obstante toda a sua disposição para inovações, foram formados numa velha estrutura de sentimento.

# 8. *Morangos silvestres* (1957), Ingmar Bergman

*Circunstâncias cênicas*

Nessa obra de Ingmar Bergman encontramos relações totalmente novas entre o que foi concebido como texto e o que seria apresentado. Por um lado, o filme é simplesmente uma encenação gravada; de modo mais significativo, ele é a própria produção dramática, a modelagem efetiva da obra. Na análise de muitos filmes, não temos nenhum acesso ao *script*, a parte escrita da obra, mas Bergman publicou alguns de seus roteiros e discutiu a relação deles com seus filmes depois de prontos.

Um filme começa, diz ele, em um "núcleo primitivo" que "luta para chegar a uma forma definida". Se esse núcleo parece forte o suficiente, ele resolve materializá-lo. "Então surge algo bem confuso, difícil: a transformação de ritmos, temperamentos, atmosfera, tensões, sequências, matizes e aromas em palavras e frases, em um roteiro compreensível."

Até aqui, o processo é bem parecido ao de qualquer criação dramatúrgica, exceto pelo fato de o roteiro ser escrito, obviamente, dentro da consciência de um cineasta, que tem em mente não a encenação de um terceiro, mas sua própria tarefa de criar o trabalho final em som e imagem. E aqui há um problema tanto de expressão quanto de notação.

> A única coisa que pode satisfatoriamente ser transferida daquele complexo original de ritmos e temperamentos é o diálogo [...] O diálogo escrito é como uma partitura, quase incompreensível a uma pessoa comum [...] Pode-se escrever um diálogo, mas a maneira como deve ser falado, seu ritmo e andamento, o que deve acontecer entre as linhas – tudo isso deve ser omitido por razões práticas. Um *script* escrito de forma muito detalhada seria ilegível.

Vimos o mesmo problema em muitas peças – não é intrínseco ao cinema, mas sim profundamente relacionado à questão das convenções da fala encenada e às consequentes convenções da fala escrita. O que é diferente, aqui, é a afirmação do homem que cria a obra original para ter o controle contínuo e detalhado sobre justamente esses elementos vitais da representação. Este se manifesta como um problema de produção cinematográfica mas, como tal, só concentra questões recorrentes da escrita feita para ser falada. A novidade está na insistência do realizador na transposição desse obstáculo por um recurso disponível nas condições de realização. Um dramaturgo dirigindo sua própria peça teria esse controle, mas justamente para uma encenação que logo em seguida deixa de existir ou, quando muito, é lembrada ou se torna tradicional. A condição, aqui, é de uma encenação ou produção estável, que depois pode ser repetida indefinidamente.

Mas o problema do diálogo é apenas uma parte do processo. Há também "a montagem, o ritmo e a relação de um quadro com o outro [...] Nesse ponto, não posso definir o tom com clareza, como numa partitura, nem dar uma ideia específica do andamento que determina as relações envolvidas".

O dramaturgo tradicional também não pode fazer isso, a não ser, de novo, dentro de determinadas convenções, embora ele também esteja trabalhando e observando em termos que vão além do mero som. Aquilo que ele escreve como cena, e todos os elementos visuais da ação, devem ser entendidos a partir de indicações que podem ser desprovidas tanto de certos elementos cruciais de andamento e relação entre cenas quanto de detalhes da essência do que será visto – o que não é mencionado. Se pensarmos novamente no problema de texto e encenação em *A gaivota*, de Tchekhov, percebemos que a questão não é, repetindo, exclusiva do cinema.

O que difere o cinema dos tipos mais tradicionais de espetáculo dramático é o elemento da montagem consciente – a divisão em sequências, a filmagem durante várias semanas ou meses e, muito raramente, seguindo uma ordem definitiva – ou seja, o trabalho decisivo do corte e da edição. Como criação, isso não é algo novo, de modo geral. Escritores trabalham dessa forma em seus textos: geralmente escrevem cenas fora de ordem, reorganizam, cortam, editam. Mas quando isso é feito no cinema, é preciso lidar com um tipo de material diferente: não a rubrica, que indica uma possível encenação, mas a própria produção. E é aqui que o problema da notação, sobre o qual muitos dramaturgos estão cientes, ainda se faz perceber:

> Muitas vezes penso em um tipo de notação que me permitisse colocar no papel todas as nuances e matizes de minha visão, e assim registrar distintamente a estrutura interna de um filme. Pois quando estou na atmosfera artisticamente devastadora do estúdio, com a cabeça imersa em detalhes triviais e irritantes que acompanham a produção cinematográfica, geralmente preciso de um esforço tremendo para lembrar como imaginei ou pensei originariamente esta ou aquela sequência, ou qual era a relação entre a cena de quatro semanas atrás e a cena de hoje. Se pudesse expressar-me claramente em símbolos adequados, esse problema seria quase eliminado e eu poderia trabalhar com a confiança absoluta de que, sempre que eu quisesse, poderia demonstrar a relação entre a parte e o todo, e identificar o ritmo, a continuidade do filme. Por essa razão, o *script* é um ponto de partida *técnico* bastante imperfeito para um filme.

Palavras irrefutáveis. Mas vale lembrar que, na ausência de convenções claras de representação – nas quais qualquer notação utilizável teria que se basear –, esse é um problema recorrente em todo o drama moderno. O que aconteceu no caso de Bergman, embora não seja uma regra para todos os filmes, é que o dramaturgo se tornou seu próprio diretor: a unidade entre texto e cena é alcançada, não de modo convencional, mas nas etapas do trabalho de um só intelecto.

Quando assistimos a *Morangos silvestres*, em certa medida estamos em condições comparáveis às do teatro moderno – sem uma razão específica; a produção que escolhemos é apenas uma entre várias outras passíveis de comparação –, mas, ainda assim, muito diferentes – muitas vezes como parte de uma série de filmes em cartaz, com as pessoas indo e vindo em momentos diferentes e, por isso (geralmente), sem aquela consciência e aquela autoconsciência de se estar reunido em um teatro; o caráter e a intensidade da escuridão da plateia são diferentes, e nela percebemos menos os outros espectadores; e o que vemos, na diversidade de telas possíveis, tem as dimensões alteradas de modo radical. As figuras e as imagens são geralmente maiores – com frequência muito maiores – do que na vida real e é obviamente um elemento crucial de sua composição que esse grau seja variável, em uma extensa gama, a serviço da ênfase dramática. E isso, além de outras alterações como o foco, estabelece por si só uma nova relação com o público, permitindo guiar as reações e a atenção de modos muito mais seguros e formais. Todo o status de "cena" também se modificou. De modo geral, e especialmente em *Morangos silvestres*, nos deslocamos, não por uma série de cenas dramáticas fixas, mas por uma composição de muitas paisagens reais e imaginárias – e entre essas paisagens e os personagens da ação existem relações intensamente variáveis. Muitas vezes, em sequências e planos determinados, reconhecemos uma continuidade clara dos elementos do espetáculo e da cena dramática, mas a característica controladora da câmera promove também uma integração excepcional daqueles que, em termos dramáticos tradicionais, são vistos como os elementos separáveis de personagens e cenas. Além disso, o fato de a câmera determinar continuamente – não como uma escolha, mas como o único acesso à obra – o ponto de vista essencial sobre a ação – o movimento de um ponto a outro, a alteração de ângulo, a aproximação ou o distanciamento do foco de visão – acrescenta uma dimensão a todos os métodos dramáticos já conhecidos. Há precedentes formais para isso na estrutura de muitas peças, mas no filme o espectador está muito mais integrado a essa estrutura durante a projeção. O lugar do espectador, portanto, é bem diferente: ele aprendeu as convenções dessa forma altamente versátil e flexível, e vê *com elas*. De maneira radical, o elemento de separação entre espectador e ação foi reduzido drasticamente e, quando vemos um filme, esse elemento muitas vezes parece sumir, a ponto de termos a sensação de que são nossos olhos que dirigem os movimentos. Essa possibilidade de representação foi usada exacerbadamente em muitos filmes comerciais, e a integração da capacidade crítica com essa forma de assistir, embora completamente possível, é, de muitas formas, mais difícil do que quando a separação encontra um suporte físico mais evidente. Ao mesmo tempo, o nível de controle dado ao realizador da obra, aliado à natureza vigorosa do próprio meio, possibilita condições reais para uma arte dramática importante. Na verdade, desde que a produção cinematográfica chegou à maturidade, na segunda e na terceira décadas do século XX, suas contribuições para todo o conjunto do drama chegaram pelo menos ao mesmo nível das contribuições do teatro naquele mesmo período – e, no meu ponto de vista, as superaram.

Estamos, portanto, falando de *Morangos silvestres*, escrito e filmado na Suécia. Uma voz fala com o espectador, uma voz que perpassa as imagens e se sobrepõe a elas.

### *O roteiro*

A forma dominante de *Morangos silvestres* é a narrativa em primeira pessoa, na qual vemos, ao mesmo tempo, o professor aposentado Isak Borg e ouvimos o relato de sua vida. Essa é uma escolha relacionada à essência da experiência, que é retrospectiva e reflexiva, mas também – de modo bem formal – uma explicação, um acerto de contas. Borg conta a história de um único dia, em que viaja para a Universidade de Lund para receber as honrarias em comemoração ao cinquentenário de seu doutorado; no entanto, durante os acontecimentos do dia, ele expressa seus próprios medos e sua solidão, revive algumas experiências antigas, cruciais e perturbadoras (que agora, por meio das convenções do cinema e da orientação da câmera, podem ser vistas em vez de simplesmente lembradas) e, por fim, acaba ficando em paz com seus relacionamentos e consigo mesmo.

Dois aspectos gerais sobre a forma dramática podem ser apontados. Primeiro, fica claro que ela se relaciona a algumas formas dramáticas anteriores, tanto no drama quanto no romance: ao retrospectivo ajuste de contas de *Solness, o construtor* ou *John Gabriel Boorkman*, de Ibsen, e mais especificamente à jornada da descoberta entre o passado e o presente em *Caminho para Da-*

*masco*, de Strindberg, e também ao romance narrado em primeira pessoa, no qual há tanto um relato quanto uma recreação, como em *A volta do parafuso*, de Henry James, ou *Confissões do impostor Félix Krull*, de Thomas Mann, e muitas outras obras. Segundo, as formas possíveis nessas peças e nesses romances foram ampliadas e reforçadas, de maneiras significativas, a partir da disponibilidade de técnicas específicas.

Existe à disposição, portanto, uma nova simultaneidade entre relato reflexivo e cena lembrada, numa tensão e presença ativas, pois o cinema tornou possível tanto a reprodução ou repetição de uma cena quanto a presença da voz exploratória em todo o filme: um envolvimento e um distanciamento simultâneos, como acontece repetidas vezes em *Morangos silvestres*, onde pode haver um retrocesso no tempo até a experiência de uma criança ou de um jovem, embora a voz e a aparência do homem envolvido nesse reviver pertençam ao presente, da maturidade e da separação. Além disso, muito dessa experiência característica faz parte tanto do sonho quanto da memória, tanto da visão e da fantasia quanto da lembrança e da explicação; o movimento entre esses estados é muito mais flexível do que nas formas que geram ou um ou outro desses estados – na melhor das hipóteses, geralmente, uma alternância, mais usualmente na determinação de toda a forma por meio de um único estado escolhido; e embora seja menos flexível do que na literatura, no filme são mais imediatas as chances de concretização, de uma visão do detalhe e de uma visão objetiva que pode interagir com a consciência falada. O que com frequência era conquistado por meio de técnicas separadas está presente no filme sem muitos intermédios como uma forma total. Isso não quer dizer que *Morangos silvestres* seja uma obra especificamente mais poderosa do que outros exemplos que mencionei; na verdade, claramente não o é. No entanto, a forma ao alcance do artista, para essa experiência característica, é integrada e poderosa, de maneira incomum.

O problema da escrita para o cinema também é, ao que parece, muito mais simples nesse caso específico. O narrador pode descrever detalhes que seriam muito mais difíceis de expressar no diálogo: ele pode descrever exatamente a roupa e a aparência das pessoas que vê e com as quais encontra; ou os contornos de um pesadelo que nunca chegariam ao diálogo; ou os detalhes de objetos importantes – a ambientação da sala de jantar, a boneca, o anfiteatro e o microscópio. Portanto, o que o narrador diz é uma instrução para o olhar, como na descrição de um romancista, mas também – embora com menos frequência – uma instrução para o diretor, para o que será visto no filme. Em outros métodos e outras experiências, como em alguns outros roteiros de Bergman, o problema da escrita para o cinema é muito mais delicado; a convenção dramática além da fala tem poucos precedentes e é extremamente difícil de ser alcançada.

O texto do roteiro de *Morangos silvestres* tem cerca de quatorze mil palavras. Não é, obviamente, dividido em atos; as cenas estão em sequência e foram numeradas. A duração do filme é de noventa minutos.

### O sonho no carro

Para uma análise detalhada, podemos usar partes de uma sequência de dezoito minutos que começa mais ou menos quando passados dois terços do filme. Borg, dentro do carro, cai no sono e sonha. No roteiro, Bergman descreve "a superfície reluzente e escura do lago Vattern", os "rabiscos finos e irregulares dos relâmpagos de verão", "a brisa" e a "iminente tempestade".

> Adormeci [...] fui atormentado por sonhos e imagens que pareciam extremamente reais e humilhantes.

A sequência começa com Borg dizendo essas palavras. Um jovem passageiro toca violão, cujo som se mistura ao de um trovão. Há um longo plano da superfície do lago, e depois, ao fundo, vemos a estrada através do para-brisa embaçado pela chuva. Há planos médios dos passageiros e de Borg e Marianne nos bancos da frente. De repente, um plano fechado no rosto de Borg se funde com o voo barulhento de gralhas: é o momento inicial do sonho. Logo depois, surge a imagem de uma cesta com morangos silvestres, e a câmera se distancia para nos mostrar Borg, na idade atual, com sua ex-namorada Sara, de aparência jovem, como em sua memória. O diálogo entre os dois é interpretado da maneira como é escrito, com a montagem e os ângulos convencionais: há a alternância de campo e contracampo, com a câmera posicionada ora sobre o ombro de Borg, com Sara à esquerda, ora sobre o ombro de Sara, com Borg à direita. Sara o impele a olhar num espelho: ele é um "velho preocupado que logo morrerá", enquanto ela é uma moça com "toda a vida" pela frente. Por ele ser velho e não saber nada, ela se casará com o irmão dele, Sigfrid.

Desse modo, a relação se estabelece rapidamente, não pela notória distorção provocada pela técnica de sonho, mas pela justaposição de diferentes fases do tempo que, portanto, podem ser representadas como se fossem reais. A Sara do sonho também é a Sara desconhecida, a quem eles deram uma carona. O personagem que reside na consciência, nessa dolorosa memória, pode ser interpretado pela atriz tal como na realidade, com uma flexibilidade peculiar. O uso que Sara faz do espelho é uma forma de forçar Borg a olhar para si próprio: ele hesita e se afasta, e quando ela diz que ele está sorrindo trata-se apenas do espelho refletindo a luz que se move no rosto dele.

No roteiro, Sara joga fora o espelho, que se quebra. Há o som do vento e de uma criança chorando. No filme, Sara corre pelo jardim até chegar a um berço. No roteiro, o berço está numa parte sombria do bosque, mas no filme ele é uma estrutura de musselina branca que esvoaça sob os ramos escuros de uma árvore. A música surge enquanto ela corre e então, calmamente, num plano médio um pouco mais longo, ela conversa com o bebê: "[...] não tenha medo dos pássaros [...]". Presente no roteiro, a instrução para a voz – "meio cantada, bem distante e aflita" – é substituída por uma voz triste e pacífica; sua normalidade é acentuada. Ao contrário do que está no roteiro, Sara não chora, e chega mesmo a sorrir no final da cena. Há outro plano geral dela atravessando o jardim até a casa além de sombras e o som do vento, como no início do sonho. Vemos, tal como no roteiro, Sigfrid esperando-a e conduzindo-a para dentro de casa.

No roteiro, Borg diz: "Queria gritar até que meus pulmões sangrassem". No filme, isso se torna uma sequência na qual Borg, por sua vez, vai até o berço; antes disso, há também o voo dos pássaros e o som de seus gritos. Ele para diante do berço com tecido branco e esvoaçante e, mais atrás, com o recorte escuro dos galhos pesadamente ensombrecidos sobre sua cabeça. Vemos Borg em close-up, virando o rosto, com o mar além; depois, vemos os galhos em close-up, e então uma imagem de Borg visto de costas, na qual a tela está momentaneamente preta, para clarear transformando-se nos ombros de seu casaco. Ele entra na casa.

A relação entre texto e cena realizada, nessa primeira sequência, é próxima, mas indireta, em vários sentidos. Todas as imagens essenciais, com exceção dos galhos, foram escritas; na realização, porém, foram adaptadas. Uma sequência narrativa na escrita é substituída, na filmagem, por uma sequência dramática mais eficaz: a justaposição de imagens, em vez de uma descrição genérica. O diálogo escrito é interpretado de forma direta e filmado em plano fechado seguindo o roteiro.

A sequência que examinamos envolve, em certa medida, a criação de uma "atmosfera" bem semelhante às instruções de Stanislavski para a peça de Tchekhov; porém, o meio torna essa integração mais direta, numa forma de ver interligada ao personagem de Borg. A sequência posterior é diferente porque o filme passa para um ponto de vista objetivo, no qual vemos Borg, sua situação e suas memórias, tudo de uma distância fria. Essa mudança de ênfase dentro da convenção do sonho é conseguida de modo bem simples. Depois que Borg olha para dentro da casa e vê Sara e Sigfrid, como se estivessem num cenário iluminado, com flores, música e vinho, ele vira-se e olha para a lua e suas sombras. Depois, volta-se novamente para o que parece ser a mesma porta, quando surge outro rosto: Alman, um homem que ele conheceu na estrada e que parece agora ser aquele que aplica o exame. Essa transição é menos abrupta no roteiro, no qual uma voz o chama, e ele "se vira e reconhece" Alman. No filme, a sequência se dá exatamente da seguinte forma:

*Close- up* Rosto de Alman através do vidro. A porta se abre.

ALMAN

Entre, Professor Borg.

*Plano médio* Borg entra.

*Plano geral* Borg e Alman caminham por dois cômodos vazios, um deles com uma escada.

*Plano médio* Num terceiro cômodo, Alman destranca uma porta. Borg atravessa-a primeiro.

*Plano geral* Corredor, assoalho branco, paredes pretas e brancas.

*Plano médio* Alman destranca outra porta.

*Close-up* Borg olha para dentro do cômodo.

*Plano médio* Pequena sala de aula com carteiras em arquibancadas. Dez pessoas nas carteiras.

*Close-up* Borg.

*Plano médio* Quadro-negro com uma mensagem estranha escrita, uma mesa na frente; Alman se senta.

ALMAN

Trouxe seu livro?

*Plano médio* Borg apresenta o caderno.

BORG

Aqui está.

*Plano médio*

ALMAN

Obrigado. [Passa rapidamente os olhos no caderno]

ALMAN

Identifique a amostra bacteriológica no microscópio. Não se apresse.

*Close-up* Borg olha no microscópio.

*Close-up* Olho ampliado.

*Close-up* Borg confuso.

BORG

Deve haver algo errado.

*Plano médio* Alman e Borg. Alman olha no microscópio.

*Plano médio*

ALMAN

Não há nada errado.

BORG

Não vejo nada.

ALMAN

Sente-se.

*Plano médio*



ALMAN

Por favor, leia o texto.

*Close-up*

BORG

Inke tan magrov stak farsin los kret fajne kaserte mjotron presete.

*Close-up*

ALMAN

O que significa?

*Close-up*

BORG

Não sei.

*Close-up*

ALMAN

Não sabe?

*Close-up*

BORG

Sou médico, não filólogo.

*Close-up*

ALMAN

Pois nesta lousa está escrito o primeiro dever de um médico.

*Close-up* Borg.

*Close-up*

ALMAN

Sabe qual é?

*Close-up*

BORG

Sim, deixe-me pensar.

VOZ DE ALMAN

Pode pensar.

BORG

O primeiro dever de um médico… o primeiro dever… é… Eu me esqueci.

*Close-up* Borg.

*Close-up*

ALMAN

O primeiro dever de um médico é pedir perdão.

*Close-up* Borg ri.

*Plano geral* Borg se vira e olha para a plateia.

A sequência inteira se parece bastante com o roteiro – foram modificados pouquíssimos detalhes. A estranheza do olho no microscópio e as palavras sem sentido no quadro-negro são sustentadas, do início ao fim, numa normalidade imposta da fala e da ação indicada apenas pela tensão da rápida alternância entre os dois personagens.

Nos pontos em que o roteiro foi concretizado no diálogo, dentro de uma situação objetiva, a filmagem é, de fato, sua encenação direta. As maiores dificuldades surgem quando a atmosfera de uma cena ainda está conectada, pela narrativa, à consciência de Borg e, não obstante, deve surgir como se fosse autônoma.

Outra sequência importante, em que Borg vê sua esposa com o amante, é um bom exemplo. No roteiro, há uma longa descrição verbal do movimento pela floresta; no filme, essa movimentação é substituída pela composição visual da água, das sombras e das árvores – as imagens visuais, na verdade, são menos precisas do que as imagens escritas. A memória, portanto, como na cena de Sara e Sigfrid, é estabelecida visualmente num quadro: no roteiro, o olhar através da janela; no filme, um plano geral através da floresta escura até uma clareira iluminada. Dessa forma, a ação essencial corresponde ao que foi escrito, mas ganha uma composição de dimensões diferentes. A figura da esposa, para dizer o mínimo, surge da memória narrativa e se impõe na cena como personagem que faz parte dela, mesmo antes de sua última fala escrita. Nessa sequência, a principal vantagem do filme como um meio é que, com a edição e o movimento de câmera, a cena pode se oferecer de forma direta e, ao mesmo tempo, mediada por um olhar, enquanto um dramaturgo de teatro, normalmente, teria de escolher entre diferentes pontos de vista ou, em uma solução mais óbvia, se mover entre um e outro. Aqui, a cena na clareira é dominante, mas há repetidos cortes secos para o rosto de Borg, a observar por detrás de alguns galhos, e a ação e a memória, portanto, são ambas simultâneas e distintas.



Isso pode ser observado na última fala da esposa. Transcrevo-a em seguida, como foi escrita, junto com a sequência como foi filmada (caracteres em itálico):

MULHER

Ele dirá "não precisa pedir perdão…".

[*Plano médio: a mulher inclina-se para a frente, olhando-se no espelho.*]

[*Close-up: rosto de Borg.*]

MULHER

"… não há nada para perdoar".

[*Close-up: rosto da mulher.*]

MULHER

Mas não é o que ele quer dizer, pois é um homem tão frio quanto gelo… Ele dirá que me dará um sedativo e que entende tudo. E então eu direi…

[*Close-up: rosto de Borg.*]

MULHER

… que sou assim por culpa dele, ao que ele parecerá triste e dirá…

[*Close-up: mulher.*]

MULHER

… que é sua culpa. Mas ele não se importa com nada, pois é completamente frio.

Essa cena mostra claramente um novo método de encenação no uso da voz e do rosto, método no qual, pela escolha da imagem e pela edição, uma relação alterada de modo significativo entre aquele que fala e aquele ao qual se refere a fala, entre a acusação de outra pessoa e a acusação silenciosa de si próprio, pode ser composta de modo direto. *Morangos silvestres* não é, em termos dramáticos, tão diferente das peças de teatro das quais o filme provém, em aspectos importantes; no entanto, grande parte da experiência que se escreve com dificuldade para o teatro pode agora ser representada de modo direto e vigoroso.

# 9. Discussão: texto e encenação

A palavra *drama* é usada principalmente de duas maneiras: primeiro, para descrever uma obra literária, o texto de uma peça; segundo, para descrever a representação cênica dessa obra, sua produção. Portanto, o texto de *Rei Lear* é drama, e Shakespeare, como escritor, um dramaturgo, ao passo que a representação de *Rei Lear* também é drama, seus atores estão envolvidos na atividade teatral. O ato de escrever uma peça e o ato de representá-la são claramente distintos, assim como a experiência de ler uma peça e assistir a um espetáculo, embora a palavra *drama* seja igualmente significativa quando aplicada às duas. A coincidência da palavra também não é acidental, pois o drama, como forma literária, é uma obra destinada à cena, e, de modo semelhante, a grande maioria dos espetáculos teatrais parte de obras literárias. É verdade que encontramos, em um extremo, obras moldadas de forma dramática, mas que hoje são bem difíceis ou impossíveis de representar e que, por isso, conhecemos principalmente pela leitura; e, em outro extremo, existem representações que não são baseadas em nenhum tipo de escrita ou obra finalizada ou que, quando se baseiam em algo, trata-se de texto não publicado, de modo que só podemos conhecer a obra quando encenada. Os dois extremos são drama, mas o mais comum é que haja uma obra literária, a peça, que, escrita para ser representada, também pode ser lida e que, nos dois casos, poderemos reconhecer devidamente como drama.

Quando um dramaturgo escreve uma peça, ele não escreve uma história para que os outros a adaptem para a cena; ele escreve uma obra literária que, como tal, pode ser diretamente encenada.

### *Ação dramática*

A palavra drama, em inglês, pode ainda ser definida como *ação*, significado original da palavra grega δράμα [drama]. *Ação*, como uma definição, pode perfeitamente indicar o método da forma literária ou o processo da encenação. No entanto, ela não deve ser usada como se fosse equivalente a determinado tipo de representação teatral, ou a uma essência dramática. *Ação* se refere à natureza da concepção literária, ao método da criação literária e ao modo de comunicação. Além disso, por causa da grande diversidade dentro da tradição dramática, ela se refere, em diferentes épocas e lugares, a métodos diferentes e que devem ser distinguidos. Tendo como base as encenações que analisamos, podemos diferenciar quatro tipos de ação dramática:

a. *Fala encenada*: base da ação encontrada em *Antígona*, nas peças medievais e em alguns momentos do teatro elisabetano. Aqui, o teatro é pensado e a obra literária é escrita de tal modo que, quando as falas são interpretadas nas circunstâncias cênicas conhecidas, a totalidade do drama é transmitida. Além disso, a forma literária – o arranjo detalhado das palavras – determina, nas condições conhecidas, a ação exata. *Nenhuma* ação significante é separada das palavras – "a poesia é a ação". A ação é necessariamente a unidade de fala e movimento – "fala encenada", e quando há gestos menos importantes em separado, também eles são determinados pela forma como um todo, plenamente concretizados nas palavras, e escritos para as circunstâncias cênicas já conhecidas.

b. *Representação visual*: tipo de ação desenvolvida a partir daqueles gestos menores que fazem parte da *fala encenada*. Aqui, uma ação prescrita com exatidão pela forma literária, mas não diretamente acompanhada pela fala, é representada separadamente. Quando um ator representa uma emoção em resposta à fala de *outro*, a origem desse método fica evidente. E é levado adiante, como na ascensão final de *Everyman*, quando uma ação torna-se *necessária* para o jogo cênico determinado pela fala de outro ator. Por fim, uma situação que já foi definida na fala pode ser representada separadamente, sem fala, como no duelo de Hamlet e Laertes; ou pode ser representada separadamente para acompanhar a fala do *narrador*; ou, no exemplo mais simples, pode (como nas primeiras pantomimas elisabetanas) preceder o espetáculo inteiro. Esse tipo de ação foi desenvolvido separadamente, como em várias formas de dança dramática e balé: em *At the Hawk's Well* [No poço do falcão], de Yeats, a forma da dança do falcão é prescrita pela obra literária, mas os detalhes são determinados pelo próprio bailarino; no balé, a encenação gestual separada da fala se tornou uma arte completa, sem depender diretamente de uma obra literária.

c. *Atividade*: tipo de ação que, em nossa época, frequentemente é visto como o *único* tipo de ação dramática, como em *A festa em Solhaug*. Aqui, não há nenhuma unidade clara entre fala e movimento; este, no entanto, geralmente organizado numa partitura de acontecimentos excitantes, é essencial, e a fala dramática existe principalmente, no jargão técnico, como deixa para esses acontecimentos ou para explicá-los e pontuá-los com gritos simples de alarme, alerta, ataque etc. Não se trata de um desenho verbal sendo transmitido em toda a ação, mas uma série de eventos acompanhados intermitentemente pelas palavras.

d. *Comportamento*: tipo de ação, como em *A gaivota*, em que as palavras e o movimento não têm nenhuma relação necessária, mas derivam, como se fossem separados, de uma ideia de "comportamento provável" nas circunstâncias apresentadas. Palavras e movimentos frequentemente transmitem com o mesmo peso a ideia dramática, mas não na mesma acepção de "fala encenada"; a fala, como vimos na encenação de *A gaivota*, geralmente está separada do gestual. A fala é prescrita, mas o movimento dos atores em cena, o "cenário" e, portanto, a ação como um todo devem ser deduzidos, mesmo quando as circunstâncias de montagem são conhecidas.

Como será observado, a diferenciação entre esses quatro tipos de *ação* é baseada em questões relacionadas à ênfase em cena. É comum encontrarmos uma única peça contendo mais de um desses tipos de ação, mas o leque de opções, não obstante, continua claro. É nesses termos que podemos entender a diferença fundamental entre *Antígona*, por exemplo, e *A gaivota*, por mais que ambas sejam obras de literatura dramática. É nesses termos, também, que a relação variável entre texto e cena deve ser compreendida.

## *A relação entre texto e cena*

O teatro é comumente feito de quatro elementos: *fala* (em seu sentido mais geral, englobando, por vezes, o canto e o recitativo, bem como o diálogo e a conversação); *movimento* (abarcando gesto, dança, representação física e evento encenado); *espaço cênico* (englobando cena, cenário, figurino e efeitos de luz); e *som* (diferente do uso da voz humana – música, "efeitos sonoros", por exemplo). Todos esses elementos podem aparecer na representação; mas a variação acontece na relação desses elementos com a obra literária, o texto. Por exemplo, nas categorias de ação que já distinguimos:

a. *Fala encenada*: quando um texto desse tipo – *Antígona*, por exemplo – é adaptado nas circunstâncias cênicas para as quais escreveu o poeta trágico, todos os detalhes são tidos como predeterminados. Fala e movimento são determinados pela disposição das palavras, de acordo com as convenções estabelecidas; o espaço cênico e o som também são como espera o dramaturgo, que conhece as circunstâncias de montagem e pode, assim, controlar esses elementos já no texto. Nesse caso, o dramaturgo não só está escrevendo uma obra literária, mas também, pelo uso de convenções precisas, *escrevendo a representação cênica*, que, aqui, é a comunicação física de uma obra que, já no texto, é teatralmente completa.

b. *Representação visual*: aqui, a relação entre texto e cena varia de acordo com o grau de utilização de convenções do que deve ser encenado visualmente.

No caso de ser inteiramente convencionado (uma ação ou um padrão gestual conhecidos com precisão), o texto prescreve a cena de forma exata, pela rubrica ou pela inferência necessária a partir das falas. Em outros casos, o texto nada mais faz do que prescrever um *efeito*, cujo *meio* deve ser desenvolvido no processo da encenação.

c. *Atividade*: aqui, embora o texto, de modo geral, possa prescrever a ação, o resultado da encenação geralmente será bem diferente do efeito do texto por si só. A ação física assumirá o controle, e as palavras serão subordinadas a ela. Não é comum um dramaturgo que escreve uma peça desse tipo antever, em seu próprio trabalho, todo o desenvolvimento cênico que o texto pode tomar. E pode-se dizer que sempre haverá margem para uma variação considerável no resultado de cada encenação, principalmente porque é comum que os movimentos sejam uma representação de eventos, cujos recursos, no detalhe, serão na maioria dos casos deixados para a própria encenação.

d. *Comportamento*: é aqui que se apresenta a maior distância entre texto e cena. A fala escrita é "conversação provável", e pelo fato de não haver, nessa fala, nenhuma relação precisa entre a organização das palavras e o método de dizê-las, a encenação será, inevitavelmente, uma "interpretação" do texto, e, por essa razão, estará sujeita a uma grande variação. Os movimentos e os espaços serão descritos em linhas gerais, deixando os detalhes a cargo da própria encenação; no entanto, por serem compreendidos como "comportamento provável" e "cenário provável", estarão sujeitos a outras variações de interpretação. Na verdade, a encenação de um texto desse tipo é baseada menos no texto do que na *reação ao texto*. Ele, muitas vezes, é mais próximo de "uma história que os outros adaptam para a cena" do que do texto que, para ser totalmente representado, basta que seja vocalizado.

Com base nessas distinções, fica evidente que no teatro a relação entre texto e encenação não é nada estável. Ademais, as variações devem sempre ser compreendidas segundo os termos dos métodos possíveis e mutáveis de representação e escrita dramática. Como questão teórica, as variações devem ser reconhecidas; precisamos sempre tornar claras as diferenciações reais. Dado que, hoje em dia, os tipos mais correntes de ação dramática são o que chamamos de "atividade" e "comportamento", a separação entre texto e encenação muitas vezes tem sido aceita como natural e, por conseguinte, o mesmo se passa no que diz respeito à separação entre literatura e teatro. Em grande parte do teatro atual, essa separação realmente existe; no entanto, não devemos nos convencer de que ela seja inerente a todo e qualquer drama. Poder reconhecer que "aqui é assim, mas não em outro lugar" é importante para fugir do dogma. Inevitavelmente, porém, devemos ir adiante e manifestar preferências entre as possibilidades que se apresentam. Precisamos não apenas de um reconhecimento teórico mas também de uma prática crítica. E, ao fazê-lo, a ênfase tenderá a recair nos problemas contemporâneos do drama.

### *Ação e realidade*

Analisamos métodos de escrita e métodos de encenação. Em determinado momento, tais métodos adquiriram uma realidade material, de forma mais notória nas estruturas dos teatros, mas também nas formas dos textos. Qualquer realidade herdada dessa maneira estabelece certos limites e indica determinados procedimentos na fatura do teatro. Sem esse legado, o drama poderia não ter vingado como forma de manifestação artística, o que não impede que, em períodos de mudança, as suas limitações fiquem bem óbvias. Na verdade, nos últimos cem anos, os dramaturgos mais sérios lamentaram-se contra tais limites, e muitos deles revoltaram-se ativamente contra o que parecia uma estrutura assentada e frustrante. A maior parte das novas obras surgiu da energia dessa revolta.

Contudo, não devemos nos voltar somente para essa revolta contra as convenções e estruturas tradicionais, pois, se o fizermos, estaremos descrevendo-a de modo muito negativo. A única descrição positiva que nos restaria remeteria à energia criativa, imprecisa e sem foco. O que deve sempre ser enfatizado é a profunda relação entre os métodos de escrita e encenação e determinadas visões da realidade. A cada nova geração, é comum chamar de tradicionais os métodos e convenções anteriores, mas numa arte como o teatro, um novo método bem-sucedido é, em si, uma convenção. A escrita e a encenação do drama dependem desse tipo de acordo – que não precisa ser completamente preestabelecido; ele pode ser atingido na própria ação – sobre a natureza do que é apresentado. O que se chama de convencional, no sentido de uma rotina antiga, é o método ou conjunto de métodos que apresenta um tipo diferente de ação, e, por meio dela, um tipo diferente de realidade.

O público é sempre a herança mais decisiva, em qualquer arte. O modo como as pessoas aprenderam a ver e a reagir é o que cria a condição essencial para o teatro. Partimos muitas vezes do princípio de que qualquer público compreenderá a natureza bastante convencionada em qualquer encenação: a ação habita a sua própria dimensão e é, nesse sentido, diferente de outros tipos possíveis de ação. Contudo, em algumas sociedades onde não há tradição dramática efetiva, esse tipo bem específico de resposta pode não ocorrer – trata-se de resposta que depende de ajustes, restrições e hipóteses bem complexas, o que fica claro só pela necessidade da exposição teórica. O que interessa perceber é que, mesmo em grupos sociais com uma tradição dramática ampla e vigente, essa resposta apresenta uma grande variação. No caso da sociedade inglesa há uma grande incerteza em relação à realidade e às implicações para a realidade de certos tipos de ação dramática, e em relação ao critério e às referências pelos quais a realidade de qualquer peça específica deveria ser julgada. Essa incerteza tem sido muito mais evidente desde que o drama se tornou de fato uma forma dominante, principalmente na televisão. É fácil responder a essa dominação, bem como aos tipos de queixa continuamente gerados por ela, com uma aparente sofisticação derivada de uma distinção particular e cultivada entre arte e realidade: "afinal, é apenas uma peça", ou "não somos tão tolos a ponto de esperar que uma peça reproduza a realidade com exatidão". Mas isso não passa de um hábito de classe. Discutir as respostas e criar as referências, de ordinário confusamente à maneira local, é algo que parece ser, para qualquer historiador do teatro, uma questão permanente, fundamental e bem difícil com a qual a longa história da arte sempre se preocupou.

A relação entre uma ação dramática e a realidade, em outras palavras, não deve ser estabelecida por uma fórmula, pelos métodos dramáticos vigentes – as convenções – de um período específico. As ações teatrais expressam e testam, ao mesmo tempo, muitas versões possíveis da realidade; no fim, contestar a atitude de um personagem dizendo que ele "não deveria ter se comportado daquela forma" torna-se uma reação muito mais séria diante de uma peça – já que a relação entre a ação e a realidade está, então, sendo levada em conta – do que se desviar de tais questões, remetendo-se a uma noção qualquer de adequação estética, em que, ao descartar tal questão, também se descartariam os principais interesses dramáticos de toda a tradição europeia.

Quando vemos o debate como um debate sobre as convenções, há uma possibilidade de superar o que muitas vezes é uma confusão enraivecida e bastante local. Mas então encarar o problema como um problema de convenções é o mesmo que suscitar, de modo mais aberto, questões muito semelhantes sobre a ação dramática e sua relação com a realidade. Afinal, uma convenção não é somente um método, uma escolha técnica voluntária e arbitrária; ela traz consigo todas aquelas ênfases, omissões, avaliações, interesses e indiferenças que compõem um modo de ver a vida e o teatro como parte da vida. Sem dúvida, devemos insistir que o coro e os atores mascarados no Teatro de Dioniso, em Atenas, não eram menos reais do que os atores com roupas de época no cenário mobiliado de *Caste*, no Prince of Wales Theatre, em Londres. Mas também temos de reconhecer que a realidade, nos dois casos, depende de todo um conjunto de outros interesses, reações e suposições – na verdade, daquele conjunto de interesses e valores que chamamos de uma cultura específica.

Esse ponto admite os dois meios. É útil como uma defesa contra rígidas suposições sobre a "verdadeira natureza" do drama, ou sobre o "verdadeiro teatro", em qualquer época. Como vimos, a extensão efetiva de um método dramático dado, na escrita e na cena, é imensa. Mas isso não significa que essa extensão esteja inteiramente à disposição de qualquer um que dela queira fazer uso. Por outro lado, um método só pode ser efetivamente enraizado na experiência quando se associa a formas de ver e reagir que são mais do que "métodos", quando se associa a interesses reais e modos possíveis de ver.

Uma lição deve ser extraída daí: embora esteja sempre disponível como arte (de um outro período, para ser conscientemente analisada), uma parte do drama mais importante do passado, que podemos perceber como moldada de forma extraordinária para seus próprios fins, não está, em absoluto, disponível, da mesma forma, como base para a realização de um novo trabalho. Na prática, um uso aparente de um método dramático mais antigo é sempre uma mudança substancial do mesmo, em um novo contexto. Nos casos em que ele é simplesmente transplantado (como as Eumênides da sala de estar na peça de Eliot), o método não é nem antigo nem novo, e nenhuma nova convenção pode ser inventada. E quando, como aconteceu, um método antigo é totalmente retrabalhado – como na reformulação que Brecht fez da fala direta ao público, do que se havia tornado restrito como exposição, solilóquio e aparte –, ele começa a funcionar em uma nova estrutura de sentimento, e a ter efeitos e implicações bem diferentes.

A concepção grandiosa de uma peça como *Antígona*, de Sófocles, depende, por assim dizer, de uma ideia que já não se mostra, de modo geral, cenicamente viável. O mesmo acontece com *Everyman*, em que a disposição de ver e reagir daquele modo é parte essencial do sucesso do método. Essas formas de concepção são muito variáveis, o que já é óbvio em *Antígona* e *Everyman*. A concepção fundamental de *Antônio e Cleópatra* – sua postura diante do espaço e do poder, do amor e da morte – também é muito específica. Acredito que devemos passar a reconhecer que "concepção", nesses sentidos, é radicalmente diferente de "representação" em seus sentidos modernos. Há uma mudança crítica e revolucionária da produção dramática de algo concebido, de um lado, para a reprodução dramática de uma ordem de experiência humana diferente e mais especificamente humana, de outro. A revolução naturalista foi bastante longa; alguns de seus elementos já apareciam na transição do drama medieval para o drama elisabetano. Mas foi apenas no momento em que ela estava quase completa que conseguimos perceber todas as suas implicações, que consistem basicamente no fato de podermos compreender a experiência humana apenas em termos humanos, e que o que deve ser encenado é justamente essa ação humana, não importa quão localmente ela possa se apresentar, em vez de enquadrá-la em uma realidade divina ou cósmica.

Algumas mudanças essenciais de convenção tornaram-se necessárias a partir dessa nova ênfase. Elas faziam parte da transformação fundamental e irreversível das sociedades feudais em sociedades burguesas – um afastamento do desígnio próprio, da hierarquia estanque, de uma perspectiva que ia além do homem. Mas a própria revolta burguesa foi muito complexa. Num nível bem evidente, que parece culminar em *Caste* e em suas diversas sucessoras, a ênfase recaía no homem completamente visível em sociedade, o que permitia um método de representação dramática, quase que literalmente uma reprodução, que tinha sua própria coerência interna, mas naturalmente também seus limites. Nesse deslocamento, e eventualmente declarando-se sua inimiga, estava a ênfase no homem por si só, em sua experiência social e privada, o que significava uma ênfase simultânea em sua complexidade, em sua opacidade e, portanto, na inadequação de suas representações externas ordinárias. Essa é a base da distinção que fizemos entre "hábito naturalista" e "naturalismo", mas também é a base de uma conexão muito importante entre o naturalismo, nesse sentido maior, e seus sucessores – seus inimigos, consequentemente – que, no expressionismo, no simbolismo e no absurdo, criaram métodos que colocaram em cena de forma direta, em vez de indireta, a experiência complexa, opaca e interna do homem.

Essa conexão também nos permite ver um ponto de grande significado em qualquer consideração contemporânea da ação teatral: o fato de essas formas experimentais mais recentes compartilharem com o alto naturalismo uma fixidez e uma estase incomuns para os quais, no hábito naturalista (dos *tableaux* de *O mercador de Londres* à moldura que a boca de cena forma em *Caste*), os teatros já estavam preparados. A estrutura de *Antígona*, é verdade, foi construída em momentos em que a estase já havia sido alcançada: as indicações, as cenas esculpidas, que já ressaltamos. Mas ali a concepção, no teatro aberto e na experiência detalhada da escrita, remetia o público para fora, para uma ordem acessível. Mais simples, *Everyman* poderia construir essa ordem, com Deus sobre o tablado, como o *locus* dramático. Foi somente em *Antônio e Cleópatra* e, de modo significativo, em todo o drama daquele período, que o movimento em si, a dramatização direta da ação histórica, pôde se tornar a base de um método dramático. E essa é, sobretudo, uma ação na qual os homens estão fazendo sua história imediata, em vez de uma reação a uma história determinada ou feita fora do alcance desses mesmos homens. Mas nesse impasse do apogeu do naturalismo, e nas ações estáticas e fechadas das formas não naturalistas que o sucederam, tem havido, principalmente no teatro, uma imobilidade progressiva em grande parte dos trabalhos importantes. Nesse sentido, a estase em *Esperando Godot* representa um verdadeiro clímax. A primeira forma dessa estase foi a utilização do palco como se fosse uma sala, o que foi possível não só por causa do sucesso da carpintaria cênica, mas por causa da convicção de que uma realidade importante ocorria dentro das residências particulares, nos espaços das casas nos quais se davam notícias, dos quais as pessoas olhavam para fora, iam e vinham, mas, principalmente, onde todo o interesse central – chamado de "o que acontecia às pessoas e não à sociedade" – era representado. Dessa forma, a experimentação dentro do naturalismo era, em grande medida, uma série de indicações – feitas pelo ambiente, por recursos visuais, descrições e inserções – do que acontecia e existia além da sala de estar e do palco. A segunda forma dessa estase foi de fato uma liberação do palco pela supressão da sala, a qual, no entanto, foi substituída pelo drama de uma só mente em que, por assim dizer, aqueles homens olhando pelas janelas de uma sala naturalista, sentindo-se presos e confusos enquanto observavam o mundo lá fora, foram substituídos por uma forma dramática em que o olhar através da janela era o ponto de vista fundamental sobre a realidade, e o que era visto, na ação, era a versão, criada por um homem, de seu próprio mundo, dentro da qual ele criava figuras para encená-lo.

Interessante, além disso, é o fato de que as câmeras do cinema e da televisão, que aumentaram radicalmente a variedade possível de métodos dramáticos, poderiam ser usadas para qualquer uma dessas convenções básicas. As câmeras poderiam ser direcionadas para dentro dos lugares e capturar uma sutileza maior de detalhes no rosto, na mão, no objeto, além de poder solucionar, tecnicamente, muitos dos problemas de inserção, extensão, recurso visual. Na maioria dos casos, elas não foram além disso; as principais convenções continuam sendo as mesmas do palco como um cômodo, com alguns movimentos que se prolongam mecanicamente além dele. Ou, segundo uma convenção diferente, a câmera poderia ser, com maior força do que nos palcos do expressionismo, do simbolismo e do teatro do absurdo, um olho modelador e observador, que construía uma versão do mundo e, dentro deste, compunha suas figuras.

Hoje, parecem ser esses os usos mais importantes, mas devemos lembrar o quão profundo era aquele elemento do alto drama burguês, em que a reação importava mais que a ação. Uma coisa é reagir quando há uma ordem perante a qual reagir, como concebiam, diversamente, o drama grego, medieval, neoclássico e em parte o renascentista; outra coisa bem diferente, num mundo como o nosso, é excluir uma ação decisiva – intervenção direta, conflito aberto, o ato de construir e destruir – da versão dramática da realidade como um todo.

Nesse ponto, o pensamento parece se deslocar. Afinal, é verdade que em parte da tradição dramática, desde o duelo em *Hamlet* até o envenenamento em *Solhaug* e em seus muitos equivalentes e sucessores, a ação de um tipo que parecia direto foi constantemente levada ao palco, sendo bastante popular. A questão é por que esse tipo de ação tem sido tão comumente relegado aos níveis com menos credibilidade do drama: "sensacional", "épico", "muita ação e nenhuma experiência". Não há dúvidas de que a maior parte dessas ações diretas se isola e se esgota em si mesma. Em determinados momentos da ação, a batalha ou a perseguição surgem com uma previsibilidade que deixa claro que, qualquer que seja a nossa reação a ela no momento em que acontece, normalmente não vimos ou aprendemos nada que gostaríamos de lembrar: que nenhuma experiência dramática foi criada em sua plenitude, mas uma atividade emocionante, ainda que fugaz. No entanto, não podemos concluir a partir disso que a simples exclusão desse tipo de ação – e portanto a resolução de todos os conflitos dentro do espaço da sala ou da mente – seja uma garantia maior de densidade dramática. A suposição de que essa garantia existe tem mais a ver com certos hábitos de nossa cultura do que com as possibilidades intrínsecas do drama. Quando começamos a pensar a questão dessa maneira, o que parece ser relevante é a razão pela qual esse tipo de ação estava separado da verdadeira experiência dramática enquanto o ato de ir além da sala de estar, ou além do espírito que observa, era ainda, em vez de um ato de ir para as ruas, locais de trabalho ou assembleias, um ato de ir em direção ao que parecia meramente barulhento, agitado e externo. No drama popular, ficamos com a dramatização do crime, das ações históricas, da aventura e da exploração, principalmente em outros lugares e épocas, desde a epopeia histórica até o *western*, mas também aqui, em nossa própria época, na qual a ação é visível e na qual se pode dizer, como na expressão usada pelo senso comum, que ela é dramática.

*Ação e escrita*

O problema do edifício teatral volta a nos assediar, pois nossa dificuldade mais evidente agora é a equação entre o drama e o teatro enquanto espaço físico. Para muitos teatros do passado, era possível escrever e representar os tipos de ação mais abertos. Gradualmente, no entanto, paredes foram sendo construídas ao redor da ação e da cena como um todo. Uma arte aberta e móvel tornou-se relativamente estática e enquadrada, e uma "arte do teatro" bem distinta se desenvolveu assumidamente dentro desses limites. Houve uma ruptura entre escrita e ação, a qual foi se tornando mais evidente nas sucessivas fases da cultura teatral. Uma das causas dessa divisão foi a imprensa: a fixação da escrita a essa forma estática afastou-a das vozes e dos movimentos humanos com os quais mantinha uma relação meramente abstrata. Outra causa, mais determinante que a primeira, foi uma reavaliação da ação dentro da sociedade. Certos modos "representativos" de escrita dramática parecem ter se desenvolvido paralelamente a certas instituições "representativas" voltadas para decisões e ações políticas. Próxima a seus principais interesses, muitos homens descobriram a desistência da ideia de intervenção, participação e ação direta, mesmo como uma possibilidade, em benefício de formas indiretas, convencionais e reativas. O desejo pela ação não se perdeu, mas foi restringido a determinadas áreas, distante de preocupações centrais. Parece paradoxal afirmar que o drama perdeu o segredo da ação quando foi possível, no século XIX, colocar sobre o palco de Drury Lane um tanque imenso para uma batalha naval ou trilhos para um choque de trens, ou quando a televisão, em nossa época, mostra todas as noites, com apuro de detalhes, um assalto a banco, um assassinato, uma briga entre espiões, uma batalha aberta por toda a planície. Mas a verdade é que *essas* coisas podem ser representadas, pois pertencem às margens da sociedade e do espírito. Outras coisas podem ser discutidas, podem provocar reações, mas só raramente podem ser mostradas; particularmente, toda ação decisiva, na qual os homens em geral tentam mudar sua condição, é inconscientemente descartada. A crise social, como a espiritual, é solucionada por uma acomodação, na qual o mundo pode ser reorganizado na mente, ou apresentado numa distorção singular, mas não pode ser, na ação dramática, percebido como algo em que nos engajamos por completo, o qual combatemos, o qual alteramos. Essa profunda lacuna na sociedade tem sido a causa da crise do drama, como de muitas outras. Nossos teatros fechados em si, nos quais os atos de acomodação se dão em um progressivo refinamento da forma, podem ser vistos como seus templos. O cinema e a televisão, formas inerentemente mais ativas e abertas, repetiram esse processo essencial na maioria dos casos, quer como espetáculo marginal, quer como acomodação isolada. Por um breve período, na fase do drama romântico, depois da Revolução Francesa, a ação foi devolvida à escrita dramática, mas esse drama nunca encontrou um espaço apropriado. Em nossa época, enquanto alguns impasses foram resolvidos em várias partes do mundo, o cinema dramatizou a ação direta, não só como espetáculo – o tanque em Drury Lane se transformou num set de filmagens gigante – mas como realidade contemporânea, na qual os homens se movimentam e tomam decisões sobre suas experiências mais fundamentais. Eis aqui, indubitavelmente, o ponto a partir do qual pode crescer qualquer drama do século XX: ir para onde a realidade está se formando – no trabalho, nas ruas, nas assembleias – e se envolver, nesses casos, com as necessidades humanas com as quais as ações se relacionam.

## *Escrevendo uma ação dramática*

O drama é sempre um elemento tão central na vida de uma sociedade que uma mudança em seus métodos não pode ser isolada de mudanças de alcance muito maior. Enquanto o sentimento das pessoas for trancado em salas fechadas, o drama estará com elas. Enquanto a ação estiver somente interessada, porque distanciada e pouco envolvente, pelo crime e pela sensação ou por épocas e lugares distantes, as formas mais tradicionais continuarão servindo a interesses correlatos. Enquanto a sociedade for tratada genericamente, separada da vida do indivíduo, o drama perseguirá a realidade contemporânea não como uma necessidade humana, mas como um relato genérico, tal como na ascensão do documentário como um método. As mudanças fundamentais virão todas juntas ou simplesmente não virão, mas isso não quer dizer que virão todas de imediato numa espécie de transformação súbita: elas acontecerão aqui e ali, como possíveis ações e métodos novos.

Vale considerar, portanto, os problemas do dramaturgo nesse tipo de mudança. Em determinado momento, como vimos, os dramaturgos pararam de escrever ações, em qualquer sentido mais amplo. E passaram a escrever respostas padronizadas que foram incorporadas nas representações por meio de novas funções como a direção cênica, a representação naturalista e a encenação; ou passaram a esboçar uma ação geral – muitas vezes chamada até de sinopse – que poderia ser pontuada com orientações, exclamações e o mínimo necessário de informação, e deixando a ação real, cênica, a cargo de outrem, geralmente o diretor ou o encenador. As peças se tornaram *scripts*, histórias que os outros adaptavam para a cena, fosse do tipo naturalista, fosse do grandioso. E hoje essa convenção já foi mais do que decorada; é o que se requer dos escritores, que estão aí para possibilitá-la.

No ambiente fechado dos teatros, um dramaturgo que aí ingressa e aprende as regras do jogo, preestabelecidas, pode escrever uma obra que siga seus princípios e, nesse sentido, seja completa. Mas a maior dificuldade é que tais regras não são apenas dados de encenação; elas expressam uma estrutura específica de sentimento, um conjunto de interesses, avaliações e indiferenças. De certa forma, essa dificuldade está sendo superada, e há uma nítida inquietação. Certos tipos de ação ainda podem ser escritos nessas condições, em especial quando o que é ordinariamente uma autoconsciência inerte e convencional, inerente à história teatral mais próxima, pode ser ativamente utilizado, como acontece em parte da obra de Brecht, mais como experiência que como método – uma consciência da presença, do desafio, de visões alternativas, de participação, rompe a barreira entre palco e plateia.

Mas isso vai numa direção diferente das formas mais usuais, no cinema e na televisão. Ali, o drama pode se deslocar para além da representação e da mímica, rumo à produção direta. Para a sensibilidade menos aberta, isso é uma perda do significado do teatro. Para uma experiência mais dinâmica, nova, é uma oportunidade sem igual, e o dramaturgo pode, de novas maneiras, escrever sua ação de modo direto. A encenação ao vivo, obviamente, é deixada de lado, e isso significa alguma perda, especialmente no que se refere a tipos vigentes de encenação. No entanto, ganha-se a possibilidade de controle na continuidade de criação e produção. Desse modo, em sua forma final, uma ação dramática pode ser composta de um modo muito mais satisfatório do que quando envolve texto destinado à publicação, o qual, como vimos, precisa de uma reconfiguração completa, na encenação, para se tornar teatro, a não ser que, como em certas situações no passado, as convenções sejam tão firmemente estabelecidas que o texto e a cena possam ser escritos fundamentalmente num único texto. É improvável que tenhamos novamente essas mesmas condições do passado; elas pertenciam a sociedades bem específicas, hoje inexistentes; somente as companhias permanentes, neste e naquele lugar, podem oferecer, em experiências muito localizadas, qualquer situação comparável.

Uma ação dramática pode ser composta, em sua forma final, com o uso da câmera na televisão e no cinema. Mas na prática isso ainda é muito difícil por causa da transferência dos hábitos provenientes do teatro, e por causa dos novos problemas de escrita com os quais se depara o dramaturgo. Escrever uma ação para esses novos veículos de encenação não é simplesmente escrever um relato de uma ação ou mesmo sua descrição detalhada; é também escrever os movimentos como devem ser executados, e, simultaneamente, os modos como os movimentos devem ser vistos. Em outras palavras, escrever uma "cena" não é escrever uma descrição geral, muito menos supor um ou dois cenários estáticos, mas integrar tudo o que deve ser visto com a especificação prévia dos movimentos e pontos de vista. O que antes estava separado, como cenários e movimentos dos atores, deve ser agora escrito numa forma única. De modo semelhante, a fala e qualquer tipo de som associado devem ser escritos dentro dessa forma e, no entanto, de outro modo, devem contê-la: não se trata de palavras à frente, em oposição a um fundo, ou de palavras acompanhando o movimento, mas de palavras, cena e movimento numa única dimensão da escrita.

As dificuldades são imensas. Como afirmou Bergman, algumas das notações cruciais ainda não existem. Por essa razão, é possível que os escritores retrocedam "à história que outros adaptam para a encenação", ou que o escritor-diretor ou, o que é mais frequente, o diretor-escritor apareça como figura dominante. O escritor que não é técnico pode fugir para os teatros e deixar de lado as novas formas. Os custos maiores desse tipo de produção, e as pressões comerciais ou burocráticas que podem ser extremamente pesadas, já criaram uma atmosfera da qual muitas pessoas envolvidas quiseram se livrar.

Contudo, as oportunidades permanecem. Não apenas em relação aos métodos, mas na própria existência do público, não apenas simplesmente mais amplo como também de natureza diferente: não é formado pelas convenções teatrais vigentes e, por vezes, é surpreendentemente mais aberto a novas experiências dramáticas. Aberto a novas relações, mais coletivas, entre dramaturgos e plateias. Uma parte substancial da escrita deve ser feita para assumir formas que se distanciam do texto impresso: na notação e na gravação de vozes – não apenas em ritmos locais, mas também em ritmos e sequências mais gerais –, no registro fotográfico e no trabalho efetivo no local da produção. O escritor deve aprender de modo consciente esse trabalho cooperativo, o qual muitas vezes é evitado pelo receio da "criação via comitê"; mas a cooperação não precisa ir sempre nessa direção, e em muitos casos não tem acontecido dessa maneira. No caso de uma peça montada de modo consciente e sem pressa – bem semelhante, nesse aspecto, às condições da escrita – a cooperação pode ser bem distinta do que seria possível numa montagem relativamente apressada feita da soma de competências separadas. Nessas condições, os novos métodos podem ser criados na prática.

## *Conclusão*

Levei essa discussão tão longe – explicação, classificação, crítica e recomendação – porque um interesse genuíno no drama em cena sempre deve, em última análise, ser direcionado para o que estiver acontecendo no presente mais imediato. Os detalhes práticos dizem respeito ao trabalho específico – não métodos, mas experiências, ou seja, textos reais em cena. Não obstante, o que começa como um problema prático na escrita precisa muitas vezes ser levado adiante na história e na teoria como uma maneira de esclarecer as ideias e dar início à discussão.

O resultado que espero ter obtido neste ensaio, com todos os exemplos práticos das peças postas em cena, e também com argumentos, é ter mostrado, por meio das variações de fato, não só a rigidez de fórmulas ortodoxas ainda hoje existentes, mas também as aberturas, as possibilidades, e, obviamente, as restrições, na situação vigente. Para qualquer dramaturgo, o problema da relação entre texto e cena é o que ele leva para a mesa, é tudo aquilo com o que ele vem lidando, em circunstâncias diferentes, por mais de 2 mil anos. Para qualquer ator, encenador e diretor, o mesmo problema – o de transformar a escrita numa produção real – é permanente, tal como para o escritor é diverso, experimental, mutável. E para os leitores e o público, essas várias relações e atividades estão lá o tempo todo, embora eles talvez não trabalhem nelas de modo direto. Dessa forma, o que acontece entre o texto e a cena é uma relação contínua, em toda essa importante área da escrita e da atuação que constitui nosso drama, o tradicional e o contemporâneo.

# Caderno de imagens

1 Antigo teatro e templo de Apolo, na demarcação sagrada de Delfos, a montante do vale do Plisto. Diferenças de forma, em relação ao teatro de Dioniso em Atenas, podem ser notadas no molde da *orchestra* e nas edificações mais elaboradas do palco. Mudanças desse tipo foram alcançadas graças ao desenvolvimento do teatro após o século V D.C.

2 Representação plausível de um teatro circular medieval, em manuscrito de aproximadamente 1400, na Bibliothèque de l'Arsenal, em Paris, mais conhecido como "Térence de Ducs". Richard Southern, na obra *Medieval Theater in the Round*, argumenta que a metade superior mostra um teatro circular (assinalado *Theatrum*), com um tablado, atores e público.

3 Detalhes, mostrando Deus e anjos ao lado de músicos, em um tablado acessado por escada, com um segundo tablado à direita, na miniatura de Jean Fouquet representando o martírio de santa Apolônia, no Museu Condé, Chantilly, obra de aproximadamente 1455.

4 Teatro de Orange, em Vaucluse, um dos mais preservados exemplares de um teatro romano, com plateia e uma murada cênica de 103 m de largura e 35 m de altura.

5 Swan Theatre, Londres, aproximadamente em 1596. Segundo desenho original de Johannes de Witt em cópia de Arend van Buchell. Conhecido como o único desenho de época de um teatro elizabetano, embora ainda, em detalhes, muito sujeito a discussões.

6 Frontispício arquitetônico permanente do teatro Farnese, em Parma, projetado em 1618 por Giovanni Battista Aleotti (1546-1636) e um característico teatro renascentista de corte. Ainda que se remeta a aspectos da murada cênica romana, já está prefigurada a forma de um palco para além do arco do proscênio.

7 Vista da plateia do segundo Drury Lane Theatre, em Londres, em 1794. A plateia se desenvolveu muitíssimo e o fosso já empurra o palco em direção ao arco do proscênio, embora uma linha vertical de camarotes ainda se apoie sobre o palco.

**8** Novo Gaiety Theatre, segunda metade do século XIX, em Londres, mostrando a marcada separação entre plateia e palco, bem como o recuo do palco para além do arco do proscênio e suas cortinas.

**9-12** Fotogramas da sequência de *Morangos silvestres*, de Ingmar Bergman, discutidos no texto (pp. 201-13).

**9** Isak Borg, no carro com sua enteada Marianne, momentos antes de dormir e começar a sonhar.

**10** Borg diante de seu examinador, Alman, com o texto escrito no quadro-negro e o microscópio sobre a mesa.

**11** A esposa de Borg, segurando o espelho, perto do final da cena na clareira, quando fala em contar a seu marido e sua reação.

12 Borg na base do quadro, com os galhos escuros e retorcidos acima de si.

13 Cenário de Alexandre Tychler para a montagem de *Mistério bufo* (1918), de Vladimir Maiakovski, dirigida por Valentin Ploutchek no teatro Satiry, Moscou, em 1957. A estrutura convencional do teatro ilusionista é relativizada pelos diversos níveis do palco e pela ausência de proscênio.

14 Cenário para a montagem de *Os tecelões*, de Gerhardt Hauptmann, no teatro J.K. Tyla, Pilsen, ex-Tchecoslováquia, em 1961, dirigida por Bohumil Zoul com música composta por Zdeňek Nejedlý. A imagem mostra não apenas o uso de um palco armado para criar uma área lúdica em vez de uma representação, como também o uso da iluminação para, simultaneamente, definir áreas mais profundas no palco e criar uma imagem dramática da peça: a um só tempo, máquina de tear e prisão.

# Bibliografia

Esta bibliografia é composta de duas partes:

1. Uma lista dos livros usados em *O drama em cena*, dividida de acordo com os capítulos, substituindo a lista construída por Raymond Williams para a edição de 1968, e cuja forma se baseia no apêndice "Notas e leitura complementar" da edição de 1954. Para cada um dos capítulos, de 2 a 8, apresentei as referências das edições e traduções dos textos dramáticos usados por Williams, e recomendações de edições contemporâneas equivalentes, além de uma parte de "leitura complementar", atualizada, cobrindo os temas do capítulo. Para os capítulos de 1 e 9, acrescentei uma lista com os principais livros críticos que abordam as mesmas áreas teóricas.

2. Uma bibliografia abrangente dos escritos de Raymond Williams sobre o drama, dividida em livros, capítulos e artigos/resenhas, com cada categoria listada na sequência cronológica de publicação.

Graham Holderness

## Notas e leituras complementares

### *Geral (Capítulos 1 e 9)*

BROOK, Peter, *The Empty Space*. Harmondsworth: Penguin, 1971.

BURNS, Elizabeth, *Theatricality: a Study of Conventions in the Theatre and Social Life*. Harlow: Longman, 1972.

REYNOLDS, Peter, *Drama: Text and Performance*. Harmondsworth: Penguin, 1986.

STYAN, J. L., *The Elements of Drama*. Cambridge: Cambridge University Press, 1960.

STYAN, J. L., *The Dramatic Experience*. Cambridge: Cambridge University Press, 1965.
SOUTHERN, Richard, *The Seven Ages of Theatre*. Londres: Faber and Faber, 1968.

## *Capítulo 2*

### Edições e traduções

As citações de Williams de *Antígona* foram retiradas de três traduções: Whitelaw (Oxford: Clarendon Press, 1906), E. F. Watling (Sophocles, *The Theban Plays*, Harmondsworth: Penguin, 1947), e uma versão do "Coro ao Homem" retirada de J. T. Sheppard, *The Wisdom of Sophocles* (1947). A tradução da editora Penguin ainda está no mercado; uma tradução mais recente pode ser encontrada em *The Theban Plays*, Don Taylor (trad. e org.) (Londres: Methuen, 1986); e uma versão "do poeta" da peça pode ser encontrada na *Antigone*, traduzida por Richard Emil Braum (Londres: Oxford University Press, 1974).

### Leituras complementares

ARNOTT, Peter D., *Public and Performance in Greek Theatre*. Londres: Routledge and Kegan Paul, 1989.
BALDRY, H. C., *The Greek Tragic Theatre*. Londres: Chatto and Windus, 1978.
KITTO, H. D. F., *Form and Meaning in Drama*. Londres: Methuen, 1956.
PICKARD-CAMBRIDGE, A., *The Dramatic Festivals of Athens*. 2ª ed., revisada por J. Gould e D. M. Lewis. Oxford, Clarendon Press, 1968.
TAPLIN, Oliver, *Greek Tragedy in Action*. Londres: Methuen, 1978.

## *Capítulo 3*

### Edições e traduções

Todas as peças medievais discutidas nesse capítulo podem ser encontradas, em manuscritos, no Museu Britânico e na Biblioteca Bodleiana, em Oxford. Williams também retirou algumas citações de *Everyman, with other interludes, including Eight Miracle Plays*, organizada por J. Pollard (Londres: Dent, 1909). Para uma edição recente, ver *Mediaeval Drama*, David Bevington (org.). Boston: Houghton Mifflin, 1975.

### Leituras complementares

SOUTHERN, Richard, *The Staging of Plays before Shakespeare*. Londres: Faber and Faber, 1973.
TYDEMAN, William, *The Theatre in the Middle Ages*. Cambridge: Cambridge University Press, 1978.

WICKHAM, Clynne, *The Mediaeval Theatre*, 3ª ed., Cambridge: Cambridge University Press, 1974.
WICKHAM, Glynae, *Early English Stages, 1300-1600*. 2:i (1963), 2:ii (1980), 3 (1981).
WOOLF, Rosemary, *The English Mystery Plays*. Londres: Routledge and Kegan Paul, 1972.

## *Capítulo 4*

### Edições e traduções

As citações de *Antônio e Cleópatra* foram retiradas do texto do Primeiro Folio (1623), que Williams encontrou na "Nova Edição Crítica" organizada por Horace Howard Furness (1907), e que ele usou para poder preservar a pontuação e a ortografia. O texto original pode ser encontrado em *"Antony and Cleopatra": a facsimile of the First Folio text*, organizado por J. Dover Wilson (Londres: Faber and Gwyer, s.d.). Publicações modernas incluem a "New Penguin Shakespeare" *Antony and Cleopatra*, organizada por Emrys Jones (Harmondsworth: Penguin, 1977), e o livro "Arden Shakespeare", organizado por M. R. Ridley (Londres: Methuen, 1954). "Oxford Shakespeare", organizado por Stanley Wells e Gary Taylor, traz as duas opções: um texto modernizado em *The Complete Works* e uma versão inalterada em *The Complete Works: original spelling edition* (ambos Oxford: Clarendon Press, 1986).

### Leituras complementares

BECKERMAN, Bernard, *Shakespeare at the Globe, 1599-1609*. Londres: Macmillan, 1962.
BEVINGTON, David, *Action is Eloquence: Shakespeare's Language of Gesture*. Harvard University Press, 1985.
BROWN, John Russel, *Shakespeare's Plays in Performance*. Londres: Edward Arnold, 1966, Harmondsworth: Penguin, 1969.
DESSEN, Alan C., *Elizabethan Stage Conventions and Modern Interpreters*. Cambridge: Cambridge University Press, 1984.
GURR, Andrew, *Playgoing in Shakespeare's Londres*. Cambridge: Cambridge University Press, 1987.
MCGUIRE, Philip C. e David A. Samuelson (orgs.), *Shakespeare: the Theatrical Dimension*. Nova York: AMS Press, 1979.
THOMSON, Peter, *Shakespeare's Theatre*. Routledge and Kegan Paul, 1987.

## *Capítulo 5*

### Edições e traduções

*The Plain Dealer*, de William Wycherley, foi editada por James L. Smith (Londres: Ben, 1979). *The London Merchant*, de George Lillo, por William H. McBurney (Londres:

Edward Arnold, 1967). Para *Caste*, Raymond Williams usou a edição de Tom Robertson, *Caste (with Stage Business)* (Nova York: Robert M. De Witt, s.d.). A peça pode ser encontrada em T. W. Robertson: *Six Plays*, organizado por Michael R. Booth (Amber Lane Press, 1980), e em *Plays by Tom Robertson*, organizado por William Tydeman (Cambridge: Cambridge University Press, 1982).

Para a comparação de Shakespeare e Ibsen, Williams também utilizou a "New Variorum", organizada por H. H. Furness (1877), que preserva a tipografia original com o acréscimo de instruções cênicas retiradas do texto de *Hamlet* do Folio (1623) e do Segundo Quarto (1604-05). O texto de Ibsen foi retirado de *The Works of Henrik Ibsen*, vol. 1, organizado por William Archer e Mary Morison (Londres: Heinemann). Entre os textos contemporâneos de *Hamlet*, encontramos o "New Cambridge Shakespeare", organizado por Philip Edwards (Cambridge: Cambridge University Press, 1985), e o "Arden Shakespeare", organizado por Harold Jenkins (Londres: Methuen, 1982). O texto do Segundo Quarto pode ser encontrado em *Second Quarto 'Hamlet'*, Shakespeare Quarto Facsimiles (Oxford: Clarendon Press, 1940). *The Feast at Solhoug*, de Ibsen, foi publicado no primeiro volume das obras completas do autor, *Early Plays*, organizada e traduzida por J. W. McFarlane e G. Orton (Londres: Oxford University Press, 1970).

### Leituras complementares


BOOTH, Michael, *Victorian Spectacular Theatre, 1850-1910*. Routledge and Kegan Paul, 1981.

DURBACK, Errol (org.), *Ibsen and the Theatre*. Londres: Macmillan, 1980.

FREDERICK, J. e Lise-Lone Marker, *The Scandinavian Theatre: a short history*. Londres: Oxford University Press, 1977.

HOLDERNESS, Graham, *Hamlet*. Milton Keynes: Open University Press, 1987.

NORTHAM, John, *Ibsen's Dramatic Method*. Londres: Faber and Faber, 1953.

POWELL, Jocelyn, *Restoration Theatre Production*. Routledge and Kegan Paul, 1984.

ROWELL, George, *The Victorian Theatre, 1792-1914*. 2ª ed., Cambridge: Cambridge University Press, 1978.


## *Capítulo 6*

### Edições e traduções

Williams usou uma tradução anônima de *The Seagull* (Nova York: Hartsdale House, 1935). Há várias traduções disponíveis, entre elas Tchekhov, *Plays*, tradução de Elisaveta Fen (Harmondsworth: Penguin, 1951); Tchekhov, *Plays*, organização de R. Hingley (Cambridge: Cambridge University Press, 1968); e *The Seagull*, traduzida por Michael Frayn (Londres: Methuen, 1986).

### Leituras complementares

BALUKHATY, S. D. (org.), *"The Seagull" Produced by Stanislavski*, trad. David Magarshack, 1952.
GORCHAKOV, Nikolai, *Stanislavski Directs*, trad. Miriam Goldina. Nova York, Westport, Conn.: Greenwood Press, 1954.
MAGARSHACK, David, *Chekhov the Dramatist*. Londres: Eyre Methuen, 1980.
*Stanislavski on the Art of the Stage*, trad. David Magarshack. Londres: Faber and Faber, 1950.
STYAN, J. L., *Chekhov in Performance*. Cambridge: Cambridge University Press, 1971.

## *Capítulo 7*

### Edições e traduções

*The Family Reunion*, de T. S. Eliot, foi publicada em 1939 e pode ser encontrada em *Collected Plays* (Londres: Faber and Faber, 1962). *Waiting for Godot*, de Beckett, é de 1955, e também foi publicado pela Faber and Faber (1956). Para *Vida de Galileu*, de Brecht, Williams usou a tradução de D. I. Vesey publicada em *Bertolt Brecht: Plays*, vol. 1 (Londres: Methuen, 1960). A tradução contemporânea padrão é de John Willett, em Bertolt Brecht, *Collected Plays*, 5:i (Londres: Eyre Methuen, 1980).

### Leituras complementares

BENJAMIN, Walter, *Understanding Brecht*. Londres: New Left Books, 1973.
COHN, Ruby, *Just Play: Beckett's Theatre*. Princeton, N. J.: Princeton University Press, 1980.
FLETCHER, John e John Spurling, *Beckett; A Study of his Plays*. Londres: Eyre Methuen, 1972.
HINCHCLIFFE, Arnold P. (org.), *T. S. Eliot's Plays*, Casebook Series. Londres: Macmillan, 1985.
NEEDLE, Jan e Peter Thomson, *Brecht*. Oxford: Blackwell, 1981.
SMITH, Carol H., *T. S. Eliot's Dramatic Theory and Practice*. Princeton, N. J.: Princeton University Press, 1963.

## *Capítulo 8*

### Edições e traduções

*Morangos silvestres* foi lançado em 1957. O roteiro de Bergman foi publicado em Ingmar Bergman, *Four Screenplays* (Londres: Seeker and Warburg, 1960).

BERGMAN, Ingmar, *Essays in Criticism*, Stuart M. Kaminsky e Joseph F. Hill (orgs.). Londres: Oxford University Press, 1975.

## Bibliografia de Raymond Williams sobre o drama

### *Livros*

*Drama from Ibsen to Eliot*. Londres: Chatto and Windus, 1952; edição revisada, Harmondsworth: Penguin, 1964; Londres: Chatto and Windus, 1968.

*Preface to Film* (com Michael Orrom). Londres: Film Drama, 1954.

*Drama in Performance*. Londres: Frederick Muller, 1954; edição revisada, Londres: C. A. Watts, 1968; Harmondsworth: Penguin, 1972; Graham Holderness, Milton Keynes (orgs.). Open University Press, 1991.

*Drama em cena*, trad. Rogério Bettoni. São Paulo: Cosac Naify, 2010.

*Modern Tragedy*. Londres: Chatto and Windus, 1966; edição revisada, 1977; edição revisada, Londres: Verso Editions, 1979.

*Tragédia moderna*, trad. Betina Bischof. São Paulo: Cosac Naify, 2002.

*Drama from Ibsen to Brecht*. Londres: Chatto and Windus, 1968; Harmondsworth: Penguin, 1973; Londres: Hogarth Press, 1987.

*Television: Technology and Cultural Form*, Londres: Fontana/Collins, 1974. *English Drama: Forms and Development (Essays in Honour of Muriel Clara Bradbrook)*, org. com Marie Axton. Cambridge: Cambridge University Press, 1978.

*Raymond Williams on Television: selected writings*, Alan O'Connor (org.). Toronto: Between the Lines, 1988; Londres: Routledge, 1989.

### *Capítulos de livros*

A General Note on Drama, em Raymond Williams, *Heading and Criticism*. Londres: Frederick Muller, 1950, pp. 87-98.

Recent English Drama, em *The Pelican Guide to Literature*, vol. VLL *(The Modern Age)*, Boris Ford (org.). Harmondsworth: Penguin, 1963, pp. 531-45.

Dylan Thomas's Play for Voices, em *Dylan Thomas: a collection of critical essays*, C. B. Cox (org.). Englewood Cliffs, Nova Jersey: Prentice-Hall, 1966, pp. 89-98.

Introduction, *D.H. Lawrence: Three Plays*, Raymond Williams (org.). Harmondsworth: Penguin, 1969, pp. 7-14.

The Realism of Arthur Miller, em *Arthur Miller: a collection of critical essays*, C. B. Cox (org.). Englewood Cliffs, Nova Jersey: Prentice-Hall, 1969, pp. 69-79.

Discussion on *St Joan of the Stockyards*, em *A Production Notebook to "St Joan of the*

*Stockyards"*, Michael D. Bristol e Darko Suvin (orgs.). Montreal: McGill University, 1973, pp. 184-98.

A Defence of Realism (1976), em Raymond Williams, em *What I Came to Say,* Neil Belton, Frances Mulhern e Jenny Taylor (orgs.). Londres: Hutchinson Radius, 1989, pp. 226-39.

Social Environment and Theatrical Environment: the case of English Naturalism, em *English Drama: Forms and Development*, Marie Axton e Raymond Williams (orgs.). Cambridge: Cambridge University Press, 1978, pp. 203-23.

*Drama from Ibsen to Eliot,* e Brecht and Beyond (capítulo 3, Drama), em *Raymond Williams: Politics and Letters* (interviews with "New Left Review"). Londres: Verso, 1979, pp. 189-2554.

Gravity's Python (1980), em Raymond Williams, *What I Came to Say,* Neil Belton, Frances Mulhern e Jenny Taylor (orgs.). Londres: Hutchinson Radius, 1989, pp. 108-12.

Foreword, em John McGrath, *A Good Night Out: popular theatre – audience, class and form*. Londres: Eyre Methuen, 1981, pp. vii-xi.

Middlemen: the Arts Council (1981), em Raymond Williams, *What I Came to Say*, Neil Belton, Frances Mulhern e Jenny Taylor (orgs.). Londres: Hutchinson Radius, 1989, pp. 98-107.

Film History (1983), em Raymond Williams, *What I Came to* Say, Neil Belton, Frances Mulhern e Jenny Taylor (orgs.). Londres: Hutchinson Radius, 1989, pp. 132-46.

Brecht (1983), em Raymond Williams, *What I Came to Say*, Neil Belton, Frances Mulhern e Jenny Taylor (orgs.). Londres: Hutchinson Radius, 1989, pp. 261-74.

Monologue in *Macbeth, Teaching the Text*, Susanne Kappeler e Norman Bryson (orgs.). Londres: Routledge e Kegan Paul, 1983, pp. 180-202.

Drama in a Dramatized Society, em *Writing in Society*. Londres: Verso, 1984, pp. 11-21.

Form and Meaning: *Hippolytus* and *Phedre,* em *Writing in Society.* Londres: Verso, 1984, pp. 22-30.

On Dramatic Dialogue and Monologue (particularly in Shakespeare), em *Writing in Society*. Londres: Verso, 1984, pp. 31-64.

Afterword, em *Political Shakespeare*, Jonathan Dollimore e Alan Sinfield (orgs.). Manchester: Manchester University Press, 1985, pp. 231-9.

Theatre as a Political Forum, *Visions and Blueprints*, Edward Timms e Peter Collier (orgs.). Manchester: Manchester University Press, 1988, pp. 307-20.

## *Artigos em periódicos*

A Dialogue on Actors, *The Critic,* 1:i (1947), pp. 17-24.

Ibsenites and Ibsenite-Antis, *The Critic,* 1:ii (1947), pp. 65-68.

Radio Drama, *Politics and Letters,* 1:ii/iii (1947), pp. 106-09.

Ibsen's non-Theatrical Plays, *The Listener,* 42 (22 dez. 1949), pp. 1098-99.

Film as a Tutorial Subject, *Rewley House Papers,* 3:ii (1953), pp. 27-37.

New Verse Plays, *New Statesman,* 56 (27 dez. 1958), p. 916.

The Present Position in Dramatic Criticism, *Essays in Criticism,* 8 (1958), pp. 290-98.

Arguing about Television, *Encounter,* 12 (1959), pp. 56-59.

Verse and Drama, *New Statesman,* 58 (26 dez. 1959), p. 916.

Ibsen restored, *New Statesman,* 60 (2 jul. 1960), pp. 23-24.

Oxford Ibsen, *New Statesman,* 60 (24 set. 1960), pp. 447-48.

The Achievement of Brecht, *Critical Quarterly,* 3 (1961), pp. 153-62.

Creators and Consumers, *The Guardian* (24 mar. 1961), p. 15.

Hope Deferred *New Statesman,* 61 (19 mai. 1961), p. 802 [análise de produção de *Esperando Godot*, de Beckett].

Shame the World, *New Statesman,* 61 (9 jun. 1961), pp. 932-33 [análise de produção de *The Visions of Simon Machard*, de Beckett].

A Dialogue on Tragedy, *New Left Review,* 13/14 (1962), pp. 22-35.

To the North, *The Listener,* 67 (17 mai. 1962), pp. 868-70.

Strindberg and the New Drama in Britain, *World Theatre,* 11:i (1962), pp. 61 ss.

Television in Britain, *The Journal of Social Issues,* 18:ii (1962), pp. 6-15.

Stratford Swans or What?, *The Guardian* (30 nov. 1962), p. 9.

Minor Ibsen, *The Cambridge Review,* 84 (19 jan. 1963), pp. 195-97.

Shaw and Others, *The Guardian* (3 jan. 1964), p. 6.

Tragic Inquiry, *The Spectator* (8 jan. 1965), p. 46.

Dramatic Changes, *The Listener* (24 abr. 1969), pp. 582-83.

Provocations, *The Guardian* (18 set. 1969), p. 9.

Young Brecht, *The Guardian* (22 abr. 1970), p. 9.

In praise of films, *The Listener,* 85 (20 mai. 1971), pp. 633-35.

When Myth meets Myth, *The Guardian* (10 out. 1974), p. 16.

Contemporary Drama and Social Change in Britain, *Revue des Langues Vivantes,* 42 (1976), pp. 624-31.

Enduring Ghost, *The Guardian* (8 dez. 1977), p. 10.

The Popularity of Melodrama, *New Society* (24 abr. 1980), pp. 170-71.

Radical Drama, *New Society* (27 nov. 1980), pp. 432-33.

Straddling the Chasm, *The Guardian* (29 jan. 1981), p. 7.

English Brecht, *London Review of Books,* 3:xiii (16 jul. - 5 ago. 1981).

# Índice remissivo

Créditos das imagens

1 © Michael Nicholson/corbis/Corbis (dc)/Latinstock [p. 234]
2 Reprodução/ Lucien Dubec (org.), *Histoire Générale ilustrée du théatre*, tomo II. Paris: Librairie de France, 1931 [p. 234]
3 Chantilly, Musée Condé, GIRAUDON [p. 235]
4 ©Album / AKG-images / Bildarchiv Steffens/AKG-Images/Latinstock [p. 236]
5 Reprodução/ vários autores, *Le Lieu théatral a la Renaissance*. Paris: Éditions du CNRS, 2ª edição, 1968 [p. 237]
6 © Robert Harding/ Masterfile/ Other Images [p. 237]
7 © Mary Evans Picture Library/ Other Images [p. 238]
8 © The Granger Collection/ Other Images [p. 239]
9-12 *Morangos silvestres*, reprodução de fotogramas © Versátil Home Vídeo [p. 240-41]
13-14 Reprodução/ René Hainaux, *Le Décor de théâtre dans le monde depuis* 1950. Bruxelas: Éditions Meddens, 1964 [p. 242-43]

Coleção **Cinema, teatro e modernidade**
Coordenação editorial **Ismail Xavier**

1. O cinema e a invenção da vida moderna
*Leo Charney e Vanessa R. Schwartz* (orgs.)
2. Teoria do drama moderno [1880-1950]
*Peter Szondi*
3. Eisenstein e o construtivismo russo
*François Albera*
4. Tragédia moderna
*Raymond Williams*
5. Shakespeare nosso contemporâneo
*Jan Kott*
6. O olho interminável [cinema e pintura]
*Jacques Aumont*
7. Cinema, vídeo, Godard
*Philippe Dubois*
8. Teoria do drama burguês
*Peter Szondi*
9. Discurso sobre a poesia dramática
*Denis Diderot*
10. Crítica da imagem eurocêntrica
*Ella Shohat e Robert Stam*
11. Teatro pós-dramático
*Hans-Thies Lehmann*
12. O ornamento da massa
*Siegfried Kracauer*

**Capa:** Teatro Globe, Londres. Peter Marlow - Magnum Photos



*Editor* **Milton Ohata**
*Projeto gráfico da coleção* **Elaine Ramos**
*Capa* **Elisa van Randow**
*Composição* **Gustavo Marchetti**
*Preparação* **Juliana Lugão**
*Revisão* **Isabel Jorge Cury e Cecília Ramos**
*Índice remissivo* **Ananda Stücker**
*Produção gráfica* **Lilia Góes**
*Tratamento de imagem* **Wagner Fernandes**

*Agradecimentos* **Fátima Saadi e Luiz Henrique Sá**

Dados Internacionais de Catalogação na Publicação [CIP]
[Câmara Brasileira do Livro, SP, Brasil]

Williams, Raymond [1921-88]
Drama em cena / Raymond Williams
Título original: *Drama in performance*
Tradução: Rogério Bettoni
São Paulo: Cosac Naify, 2010
260 pp., 19 ils.

ISBN 978-85-7503-915-1

1. Teatro - História 2. Teatro (Literatura) - História e crítica I. Título

10-05028 CDD-792.09

Índices para catálogo sistemático
1. Teatro : História 792.09

COSAC NAIFY
Rua General Jardim, 770, 2º andar
01223-010 São Paulo SP
Tel: [55 11] 3218 1444
www.cosacnaify.com.br

Atendimento ao professor: [55 11] 3218 1473

**fontes** Minion Pro e The Sans
**papel** Alta Alvura 90 g/m²
**impressão** Geográfica
**tiragem** 3 000